JN439093

건더기와 국물

이동훈 수필집

건더기와 국물

세종출판사

책머리에

올 여름은 여느 해보다 더한 폭서로 견디기가 힘들다. 연일 온열환자가 속출하고 온 나라가 불덩이 같다. 한반도 상공에 머물고 있는 더운 공기는 물러날 기미가 없다. 11년 전 첫 집을 낸 때가 한 여름이었으나 지금 같지는 않았는데 갈수록 지구는 병 들었음을 내색하고 인간에게 돌려주고 있다. 지구를 떠날 수 없다면 견디고 그나마 즐기는 여유를 찾아야 한다.

이번의 제3집이 공교롭게도 한 여름의 꼭지 점을 지나며 출판하게 되는데 절차탁마 초심의 각오로 제1집 '추억의 곱다란 쪼가리' 이후 5년을 보내며 제2집 '내안의 매미'를 냈고 다시 6년에 이르러 3집을 보게 된다. 10년이 넘은 세월을 보냈지만 예리한 혜안과 통찰력은 글에 보이지 않는다. 미치지 못하는 지적知的 한계를 말하지 않을 수 없다. 흐지부지 살 같은 세월만 낭비한 부실과 매몰찬 매진이 없었음을 고백한다.

모든 행위는 그 적나라한 모습으로 들어 나게 되며 자신에 대한 엄격한 절제의 잣대를 대었다면 남 보기에 부끄럽지 않을 것이다. 포장 된 겉모습 성향의 글은 자신을 속이고 읽는 이를 기만 하는 허튼 일일 것이다. 세상을 향한 솔직한 관심적 입바른 소리와 신변잡기 속에 교훈적 질문을 던지는 진정성을 염두에 두었지만 얼기설기 어설프게 엮은 송아리가 부끄럽다. 하지만 글을 대하는 모든 이가 행복했으면 좋겠다.

직업이 목사라 전달이 모나고 껄끄럽겠지만 이 역시 하나님께서 주신 은사라 여겨 감사하며 쓰게 된다. 옆댕이에서 관심 있게 지켜보는 아내가 고맙고, 글 쓸거리를 제공한 딸 사위가 고맙고, 교회의 사랑의 손길도 고맙고, 무엇보다 책의 서평을 위해 애써 주신 박양근 교수님께 감사를 드린다.

2018. 9

이 동 훈

차례

제1부 기다림의 단상

제2부 바깥세상

제3부 허전한 고향 땅

제4부 가을의 단상

| 서평 | 박양근

제1부

기다림의 단상

어느 화단의 백합 향

꽃은 아름답다. 들꽃에서부터 화훼단지에서 재배되고 묶여 나오는 모든 꽃들은 아름답다. 색채가 있어 아름답고 향기가 있어 아름답다. 모든 꽃은 저마다 색체를 가지고 크기와 모양을 따라 향기를 내 품고 고운 자태를 가지고 있다. 꽃은 조물주가 인간에게 준 가장 아름다운 선물이다.

인간은 받은 선물처럼 살아야 하는데 즉, 삶이 아름답고 향기로워야 한다는 의미이다. 꽃이 아름답게 펴 날린 향기는 돌아오지 않고 그 꽃은 이내 시들고 자연으로 돌아간다. 인간 역시 태어나 성장하고 생명을 다하고 자연으로 돌아간다. 그러나 삶을 통한 인간의 향기는 가고 오는 시간 속에 길이 남는다. 그것은 아름다운 삶의 향기도 있지만 추하고 역한 냄새도 남긴다.

필자의 아파트는 양 길을 두고 상가의 건물들이 즐비하다. 거실에서 앞쪽으로 외래어 이름을 표기한 가구점 건물이 우뚝 서있고 '세계적인 수입 가구 ○○○'란 큰 글로 된 세로로 길게 내린 입간판을 붙여 놓았다. 옆 건물은 좀 낮은 규모의 역시 수입 가구점이다. 이 건물들 앞은 산책로 통로이기에 거의 매일을 지나다니며 보게 된다. 그 중 집 앞의 가구점이 상품거래가 활발하다. 눈에 띄게 운반차량의 출입이 빈번하다. 생각건대 이 불경기에 참 장사를 잘하기도 하고 부촌 해운대에 걸 맞는 사업임을 느끼게 하기에 충분하다.

그런데 수개월 전 부산일보에 보도된 고발 기사는 분명 집 앞 건물의 가구점 이야기이었고 '짝퉁 사기 판매'라는 내용이다. 유럽산 명품가구를 직수입해서 팔겠노라해 놓고 명품 이름의 중국산 짝퉁을 속여 판매한 것이다. 원래 가구점의 생리는 생필품처럼 쉬이 많이 팔리는 물품이 아니다. 그러나 거래가 뜸한 대신 마진율이 좋은 장점이 있다. 옆의 다른 점포보다 활발했던 장사가 결국 사기 상술로 문을 닫고 말았다. 수개월의 영업정지를 당하더니 마침내 임대 현수막을 걸어 놓았다. 비양심적이고 상도덕을 우습게 여기며 정직하지 못하고 순리를 벗어난 상행위는 꼬리가 밟히며 망하고 마는 것이 세상의 법칙이다.

진실하지 않는 인간관계는 신뢰가 무너지고 언젠가 그 의도가 드러나게 마련이다. 사회는 관계를 통해서 조직 되고 형성되어 나간다. 관계 속에서 향기가 날 때 우리는 살맛나는 세상을 이룰 수 있다. 향기는 소통이고 믿음이다. 암실 같은 숨은 욕심이 일어난다면 소통은 발아래로 짓밟히고 거짓되고 억척같은 이기적 욕망만이 고개를 쳐든다.

우리 마음구석은 선한 것과 악한 것이 동시에 존재하며 행위의 순간을 기다린다. 어느 쪽을 택하든 어떤 행동을 하던 그 어떤 일이 일어나기 마련이다. 그리고 결과에 대한 책임은 스스로 지는 것이다.

> "스스로 속이지 말라 하나님은 업신여김을 받지 아니하시나니 사람이 무엇으로 심든지 그대로 거두리라" **갈6:7**

'꽃보다 아름답다'란 비 인격체를 말하는 것은 아닐 것이고 분명 아름다운 꽃에 견줄만한 아름다움을 지닌 사람을 말할 것이다. 이타적이고 어진 성품에 사랑을 가득 담고 남을 향해 봉사하며 선한 양심을 가져 이웃의 이익을 위해 자신을 희생하고 조용하고 겸손하여 자신을 들어내지 않을 뿐 아니라 섬기는 천성과 고상한 인격으로 선행을 실천하는 사람이라면 당연히 꽃보다 아름다운 사람일 것이다. 과연 이런 사람을 찾아 볼 수 있을까? 이런 사람을 우리는 향기로운 사람이라 말할 수 있다.

그러나 이 사회는 분야를 불문하고 병들어 썩는 냄새가 앙등한다. 향기로운 사회는 요원한 것인가? 시쳇말로 국회의원과 아내가 낙동강에 빠져 떠내려가면 누구를 먼저 건지겠느냐? 란 말에 국회의원부터 건져낸단다. 왜냐고……? 물이 오염 되니까.

정치가 오염되어 악취를 풍기니 나라꼴이 혼란과 어지럼이고, 법을 집행하는 자들이 탈법내지 법꾸라지 행위를 일삼으니 위법천지가 되며 교육을 그 고상한 가치로 알아 매진해야할 교육자들이 썩으니 사표가 희귀한 세상이요. 군대가 기강을 잃으니 백성들이 불안하다. 경제의 수장들이 편법과 불법으로 축재를 탐닉하니 노동자들이 희망을 잃고 비정규직은 한이 쌓인다. 식재료를 놓고 악질적 이기심에 양심을 버린 업자들은 건강을 위협하고, 세상 양심의 보류인 종교계도 암몬주의와 시류에 젖어 타락을 일삼으니 지금은 절망을 희망으로 바꿀 모티브가 안 보인다.

오늘도 집 앞 가구점을 지나오는데 가구점 문은 수개월째 잠겼고 건물 옆으로 조성한 화단에서는 주인의 신세를 대변하는 양 실없는 잡초들이 무성하고 듬성듬성 사이로 핀 꽃들은 애써 고개를 내민다. 그 중 바람결에 날려 오는 꽃 향이 있으니 바로 백합향이다. 꽃 향중의 백합 향은 단연 으뜸이다.

꽃은 피어 길손의 코를 자극하며 향긋한 냄새가 진동하며 마음을 즐겁게 하는데 주인 된 자는 반사회적 상행위로 역한 구린내를 풍기고 문은 굳게 닫혀있다. 핑계 없는 무덤이 없다고 할 말이 없겠나만 화단에 심은 백합화처럼 향기를 날리는 업주로 심기일전하기를 바라봐야할 것 같다.

말세를 살고 있는 그리스도인들은 어떤 모습이어야 할 것인가? 겉모습은 아무리 그리스도인처럼 보여도 그 안에 예수의 향기가 없다면 분명 가짜가 아닌가? 가짜든 진짜든 드러나게 되는 것이 삶이다. 삶은 현실이고 보여 지고 냄새가 나야한다. 병든 지구는 연일 폭염 기록을 갈아치운다. 찝찔한 일상에 우리 모두 향기로운 메신저가 되자.

> "우리는 구원 받은 자들에게나 망하는 자들에게나 하나님 앞에서 그리스도의 향기니" **고후2:15**

단골 이발사

현대를 일컬어 정보화 사회라 한다. 정보화는 제반 기기의 편리함을 빌린 혜택과 효율성으로 나날이 세상의 질서를 바꾸고 있다. 여러 서비스는 인간 삶의 영역에서 깊이 관련지어 많은 영향을 미치고 기기의 발전에 편승한 정보는 과잉 생산되어 순기능의 이면에 역기능이 확산 되고 있다.

뉴미디어에 적응하지 못하는 세대는 혼란에 빠져 소외되고 부적응한 인간관계는 사회성에 흠결이 생긴다. 인터넷과 SNS의 중독 현상은 개인주의 사고로 고착 되어 사회성이 떨어지며 과도한 정보는 가치관의 혼란을 가져와 극단적이고 부적절한 궁중심리를 확산 시켜 또한 사회의 혼란을 가져 오기도 한다. SNS상의 악성 댓글은 사생활의 침해를 넘어 한 사람의 인격을 말살 시키고 나아가 가정까지도 파괴하는 범죄행위에 이른다. 따라서 문명의 이기가 아닌 독기가 되기도 한다.

소수 무리들의 무지하고 천박한 상업논리에 빠진 일탈행위는 광고수익을 위해 가짜 뉴스를 만들어 날린다. '피자게이트'라 불리는 가짜 뉴스는 대형 참사를 일으킬 번한 사건이다. 2016년 12월 4일 미국 워싱턴 DC의 한 피자가게에 들어선 청년은 반자동 소총을 난사했다. 다행이 인명 피해는 없었지만 경찰에 체포된 청년은 인터넷에서 힐러리 클린턴과 미국 민주당 고위 관계자들이 피자가게에 아동을 가두고 학대하고 있다는 뉴스를 보고 아이들을 구출하려고 했다는 것이다. 어처구니없는 가짜 뉴스의 폐해고 인터넷과 모바일 기기의 보편화는 SNS의 확장과 공유로 인해 사회의 여러 심각한 문제로 대두 되고 있다할 것이다.

생활 가운데 지속적인 서비스를 받아야할 일이라면 신체적으로는 미용과 이발을 빼 놓을 수 없다. 거주하는 곳에서 그리 멀지 않고 자기의 신체 특성을 잘 이해하고 맘에 드는 손질을 체험할 수 있다면 대개 그 업소를 단골로 삼는다. 그렇지만 이사를 하게 되면 할 수 없이 옮긴 곳에서 단골을 만들게 된다. 필자가 명장동에 살면서 개업한지 얼마 안 되는 이발소를 찾았다. 대단지 아파트를 끼고 상가지역 도로변이라 입지적 조건이 양호하고 이발사는 늙지도 젊지도 않은 50대 후반이라 전 세대를 아우르는 경험과 분위기를 가지고 있어 편한 구석이 있다. 실내는 새로 도배한 무늬벽지 전면에 과거에 미용대회에 출연한 사진과 경력을 알릴 액자를 몇 걸어 놓았다. 첫 이발이라 나의 두상의 특징과 스타일을 알려주고 맘에 들게 깎아줄 것을 부탁하니 연신 고개를 끄덕이며 가위질을 시작한다. 개업한지 얼마 안 되었으니 첫인상을 좋게 하기 위한 노력들이 보이고 이발 후 요구르트 음료도 챙겨 서비스를 마무리 한다. 현란한 가위질은 그간 터득한 경험을 말해 주는 듯, 거울에서 눈을 떼고 의자에서 일어서는 느낌은 합격이고 바로 단골이 되겠다는 생각이 든다.

무엇보다 이발요금이 타 업소보다 절반가량 싸다는 점이다. '싼 것이 비지떡'이라면 질이 떨어지거나 함량이 모자랄 때 쓰는 말인데 그렇지 않았고 PR을 위해 일정기간 서비스를 제공할 요량일 것이라 여겼지만 그렇지 않았다. 단골이란 늘 정해 놓고 거래하는 관계의 사전적 의미대로 이발만큼은 단골로 삼아야겠다는 확신이 생긴다. 단골은 서비스 제공자의 주도면밀한 계획과 실행이 상황에 맞아 떨어질 때 가능하다. 장소의 길목과 제공의 질료와 가격에 이은 친절이 크게 좌우된다. 또한 이해관계가 적합할 때 단골이 될 수도 있을 것이다. 음식점일 경우 다른 조건이 만족할 수준이라도 맛이 못 미치면 그걸로 발길이 끊긴다. 그러나 단번에 입맛을 잡으면 그길로 단골이 된다. 따라서 입으로 소문을 내니 꼬리를 물고 고객은 는다.

그렇게 몇 년이 지난 지금도 명장동 이발소는 요금을 타 업소의 절반을 유지하고 있다. 소문이 동네를 건너 여러 지역에 두루 퍼져 여남의 평 되는 업소는 비좁고 늘 상 손님들로 장의자 하나가 놓였지만 빌 때가 없다. 최소 한 시간 이상을 기다리고서야 차례가 오고 머리를 내민다. 이발사는 일로 인해 식사 때를 맞출 수 없어 간간이 빵과 우유로 입노릇을 한다. '박리다매'라 했던가? 절반가격으로 많은 손님을 혼자 치러야하니 직업병적 고통을 안고 목과 어께의 통증을 자주 들어낸다.

앞서 언급한대로 작금의 정보시대는 과학과 기기의 발전에 기인한 것이지만 옛날에는 서민들이 정보를 얻고 소문을 듣는 곳이 있었는데 바로 복덕방, 이발소, 미장원, 택시 등이었다. 이들에게 공통점은 많은 사람들을 상대하며 소통 중에 얻은 다양한 얘기꺼리와 소문 등을 가지고 있다는 점이다. 정보의 진실성과 사실적 검정은 뒷일이고 책임질 일도 없기에 드나드는 손님들로 전해지고 그 소문과 정보는 각색 되고 부풀려져 주관적인 견해가 곁들어지면 전혀 엉뚱한 소문과 정보로 퍼져 나간다. "○○가 중상을 입었다 더라~" 가 며칠 뒤에는 "○○가 죽었다 더라~"로 180도 바뀐 상황이 된다.

이 이발소에 단골이 된 손님 대부분은 60~80대 노인들이다. 이들이 순서를 기다리며 풀어 놓는 얘기들은 인생사 구구절절한 삶의 것들이다. 세상 돌아가는 말은 주로 정치적인 이바구가 많다. 말은 계속이어 지고 중구난방으로 시끄럽다. 대화의 격식이나 매너 따윈 처음부터 없다. 불쑥불쑥 자기주장과 입장이 앞서고 신경질 적인 반응도 보인다. 노인들의 대화는 남의 말은 듣는 둥 마는 둥 자기중심적 아집과 완고함이 있다. 지적수준은 확연히 들어나지만 누구하나 유 무식을 따지지 않는다. 말들은 계속이어 지고, 이발사는 잡다한 말들을 곧잘 정리하고 결론을 내리기도 하며 한시도 입을 다물지 않고 응수하며 빗과 가위질을 한다. 손과 입은 상관이 없다. 나는 머리 손질에 집중이 안 될 것을 염려하지만 그는 노련하게 손놀림을 끝낸다.

이발사는 직업상 터득한 말주변으로 겉똑똑이가 된 경우다. 잡다한 상식을 가지고 있으나 검정 가능한 논리와 과학적 식견이 못 미친다. 아는 만큼 말하지만 부정확한 정보, 편견과 낭설, 헛소문이 될 소지가 많다. 그래도 손님들은 들은 얘기들을 들고 나간다. 지금도 이발소에는 '믿거나 말거나'의 소문과 정보가 양산 되고 신뢰의 정도가 미흡한 말이 흘러 나가고 있다.

그러나 나는 이사한 해운대에서 4~50분을 달려 명장동으로 간다. 기다리는 시간은 어림잡아 반나절을 보낼지언정 단골집으로 향한다. 한 사람이 80살을 산다고 가정했을 때 한 평생 자라는 머리카락 길이는 약 8m 26cm 이란다. 이 길이가 다 잘려 나갈 즈음엔 한사람의 일생도 종말이 올 것이다.

명장동 이발사는 한 사람 한 사람의 삶을 지켜보면서 세월을 깎는 자다. 철학자처럼……. 여러 해가 지났지만 초지일관 반값으로 일하는 이발사의 봉사정신이 아름답다. 그는 이타적인 삶을 추구하는 성실한 직업인 이자 사명자다. 흉흉한 세상에 신바람을 일으키는 멋진 단골 이발사를 응원해 본다.

쓴 뿌리

얼마 전 모 방송국의 기획 프로그램인 소년교도소의 일상을 취재 방영한 '세상 끝의 집'을 시청했다. 소년교도소가 있음도 그때야 알게 된 셈이다. 소년원이 만14세~19세 미만의 죄를 범한 벌금형 이상 보호처분 대상을 보호 선도하는 기관이라면 소년교도소는 형법상 징역형을 받아 그 형이 확정된 자들로 교정 교화하여 선량한 시민으로 사회에 복귀 시키며 재범에 이르지 아니하도록 관리하는 기관이라 할 수 있다.

교도소의 수감자들은 죄의 등급을 1등급부터 200등급으로 나눠 관리를 한다. 질풍노도의 시기에 그것도 한참 먹어야 하고, 하고 싶은 것과 푸른 꿈이 많은 시기에 세상과 격리되어 죄인의 신분으로 시간을 보내야할 그들은 그 자체만으로도 이미 충분한 벌을 받고 있는 것이다. 이들을 1등급부터 200등급까지로 관리하는 것은 과학적이고 인권 보호차원의 배려교정이라 생각되어진다.

6부로 나눠 밀착 취재한 상황별 내용은 세대와 시대를 불문한 인간 부조리 삶의 모습을 확인하는 장면들이다. 지금은 다만 이전 세대보다 좀 더 인권적 차원의 교정 교화 프로그램으로 체계의 다양함과 배려가 수감자들의 의지에 따라 많은 변화와 목표를 설정하며 꿈을 실현 시켜줄 수 있는 정책들이라 생각 되어 참으로 다행스럽다 할 수 있다.

사람은 태어나고 성장하는 과정에서 어떤 요인으로 상처를 주고받는다. 처한 환경과 삶의 질곡이 깊고 피폐 할수록 그 상처는 빨리 자리하며 심연 깊이 뿌리를 내린다. 교도소의 아이들이 갖가지 죄목으로 형을 집행 받아 수감자의 신세가 되었지만 그 이면에 뿌리 깊게 도사리고 있는 상처들을 보았다. 어릴 때 제 환경으로부터 상처 받아 심겨진 쓴 뿌리는 비정상적으로 증식 되고 자라나고 있은 것이었다. 마치 악성종양처럼 자라 타 조직을 괴멸 시키며 치명상을 가한다. 이 종양은 어느 시기와 환경에 이르면 열매로 나타나는데 열매는 쓰고 독이 되어 삶을 파멸 시킨다.

마음의 상처 곧 쓴 뿌리인 것이다. 뿌리는 보이지 않기에 무관심과 몰이해로 간과되기 일쑤다. 마음의 상처는 끊임없이 자라고 있지만 치료 되지 않고 시기를 놓치면 죽음에 이르는 무서운 병인 것이다. 어디 소년교도소 아이들뿐이랴…….

개인이나 한 가정이 어느 날 돌이킬 수 없는 나락으로 파괴 되어가는 모습과 삶의 구석구석에 도사리고 있는 폭탄과 같은 불안한 현상들의 이면에는 치료 되지 않은 채 방치 되고 있는 쓴 뿌리가 있음을 부인할 수 없다. 그러나 사회의 혁파 되고 개혁 되어야할 모든 가증할 사건 사고들, 가진 자와 소위 지도자라 이름 하는 자들의 비도덕 비 윤리 전횡들은 마음의 상처와는 다르며 자의적이고 후안무치한 행위의 일탈일 뿐이다.

> "욕심이 잉태한 즉 죄를 낳고 죄가 장성한 즉 사망을 낳느니라" **약1:15**

맘속 쓴 뿌리는 하루아침에 생긴 문제로 교도소로 가고 문제를 일으키는 존재로 부각되는 것이 아니다. 10년 아니 20

년을 넘게 자라나 밖으로 표출된 현상인 것이다. 맘의 상처들은 열등감, 우울증으로 미움, 증오, 폭력적인 형태로 나타나 마침내 가정과 사회에 악 영향을 미치게 되는 것이다.

이 상처의 쓴 뿌리는 반드시 치료 되어야 할 큰 질병이다. 따라서 관심과 사랑으로부터 결핍된 환경적 원인이 단초가 되었음을 알게 된다. 사람마다 맘의 쓴 뿌리가 남아있고 치료가 되지 않으면 그 생애가 평탄치 못할 뿐 아니라 자포자기와 삶을 낭비하는 악한 습관에 의존하게 되는데 알콜중독, 마약중독, 성적방종 등으로 삶을 황폐하게 하여 인생을 망치는 수가 있다.

존 브레드 쇼는 '상처 받은 내면의 아이'라는 책에서 '과거에 무시당하고 상처 받은 내면의 아이가 많은 사람들이 겪는 모든 불행의 가장 큰 원인이다. 그리고 그 아이는 성인이 된 우리의 인생에 계속적인 악 영향을 끼치면서 모든 것을 악성으로 만들어 버리고 만다.'하며 치유의 7단계를 제시한다. 그리고 상처 받은 내면의 아이를 성장 시키는 큰 힘은 '사랑, 따뜻한 격려와 위로와 인정이다'라고 말하고 있다.

필자를 비롯한 질곡의 시대를 살며 풍파를 거친 세대들은 궁핍하고 곤고한 나날의 세월 속에 그것이 상처요 쓴 뿌리가 된 줄도 모르고 살아왔고 살다보니 돌아보니 불쑥 불쑥 튀어 나오는 못된 성깔과 배려하지 못하는 냉한 가슴과 가시 같은 성품 등이 그런가 싶다. 따라서 나는 맘의 상처와 쓴 뿌리들이 아직 치료 되지 않은 사람인 모양이다.

그러나 먼 지난날의 내가 한없이 안타깝고 불쌍하다. 알지 못하고 시련의 시대에 태어났고 온갖 풍상의 환경에 노출 되어 사랑과 관심에서 멀었고 비교육적 성장의 면면들이 아무리 생각해도 억울하고 원망스럽다. 성품과 인격이 완성되어야할 시기에 진정한 맨토가 없었고 그때 그렇게 살아온 것이다.

지금 나이에 무슨 원망이랴……. 날마다 순간마다 고치려는 의지가 있음으로 인해 감사할 뿐이고 남은 때를 영혼을 돌보는 목회자의 삶을 살아야하니 고비마다 풀어야할 숙제인양 맘의 무게는 지고 가야겠지…….

"너희 안에 이 마음을 품어라 곧 그리스도 예수의 마음이니"

빌2:5

수명에 대한 생각

건물을 지을 때 시공사들은 자회사의 이미지를 위해 각양의 로그를 공사장 펜스에 그려 놓는다. 개발 지상주의 시대를 살고 있으니 가나오나 공사장 소음에다 레미콘 차량의 육중한 엔진 소리와 매연은 피할 길이 없다. 특히 해운대는 관광도시다 보니 틈만 나면 재건축과 재개발이 이어져 빈 땅이 없다. 공사현장을 지나가다 보니 다른데서 볼 수 없는 표어가 눈에 띈다.

'해운대 참 좋다~'가 아파트와 오피스텔을 비롯해 호텔 공사에도 공통으로 그려지고 있다. 참 좋은 해운대를 내 세운 까닭은 특정지역을 빙자한 상업적 이기심이 숨어 있을 것 같은 기분을 떨치기 쉽지 않다. 물론 해운대는 지역적 고른 특성을 갖춘 도시환경과 윤택한 삶을 위한 인프라가 구비된 도시임은 분명하다. 해변을 중심한 여가 휴양, 문화적 욕구까지도 충족할 수 있는 그야말로 구區의 표어인 'sun & fun Haeundae'가 되기 때문이다.

뭐니 뭐니 해도 해운대는 넓은 사장의 해수욕장이 압권이다. 옛 사장을 회복키 위해 대대적인 공사로 넓어지고 풍부해진 사장은 해운대를 찾는 관광객의 구미를 당기기에 충분하다. 하지만 필자의 어릴 때 놀던 백사장은 아니다. 그 희고 부드럽던 모래들은 언제인가 실어나가 버리고 지금은 그 모래가 아니다. 복원이다 해서 타지에서 퍼다 놓은 갈색의 입자가 거친 모래다. 그래서 해변 길을 걸을망정 모래밭에 들어서기가 내키지 않는다. 세월은 고스란히 흐르지 않고 인간으로 하여금 자연환경이 훼손 되고 오염으로 인해 옛 모습을 간직하고 있는 것은 드물다.

해운대는 전국에서 가장 빨리 해수욕장을 연다. 6월이 시작되자 여름을 알리고 개장한다. 거기에는 넓은 사장을 이용한 여러 프로그램을 시행하기 위함이다. 음악, 무용, 연극 등이 사장에서 연례행사로 펼쳐지고 관광객은 줄을 잇는다. 그

중의 하나가 국제 모래조각 전시회다. 넓은 사장에 띄엄띄엄 구획지어 조각가들이 각자의 주제를 놓고 작업이 이어진다. 뙤약볕에 넓은 창의 벙거지 모자를 눌러 쓴 작가들의 고생이 안쓰럽다. 산더미 같이 쌓은 모래를 위에서부터 작품주제를 그리며 깎아 내린다. 물을 뿌리고 다지면서 흙손을 쉼 없이 놀리는데 여성작가들은 작업이 힘에 붙여 보인다. 하루 이틀이 지나면서 작품이 윤곽을 드러내는데 주제에 따라 디테일하고 섬세한 형상이 나타날 즈음엔 감탄이 절로 나온다. 거의 20일이 지나면서 작품이 완성되고 축제가 개막 된다. 경향각지의 관객들이 작품사이를 넘나들며 기념촬영을 하고 추억을 만든다. 필자는 지척에 있는지라 아내와 함께 산책을 하며 조각 작업을 시종일관 지켜보았으니 개막 축하행사에는 별 느낌이 없다.

전시회가 보름쯤 지난 어느 날 발견한 한 작품에서 모래가 깨어져 흘러내리고 있다. 조각가들은 약간의 비바람도 염두에 둔 작업을 했을 것이다. 조각의 마무리 과정은 필수적으로 접착제를 쓰게 된다. 올해도 역시 환경오염을 고려해 최소한의 접착제를 사용했을 것이라 믿어 본다.

해변 로를 따라 전면에 설치된 작품 중 캐나다 카렌전 프렐리크 작가의 '연인' "노부부의 행복한 순간"은 노부부가 정답게 마주보며 손을 잡고 있는 작품이다. 넓어진 이마위로 백발이 듬성하고 굵은 안경 태를 눌러 섰지만 말년의 여유로움과 평안을 느끼게 하는 노부부의 일상은 각박한 세태에서 시름을 벗어난 모습이다. 그러나 자식들을 향한 애틋한 관심을 간직하고 있는 듯하다. 보는 이들은 노부모를 다시 한 번 생각하는 기회가 될까.

비가오지 않는 맑은 날인데 노부부 중 남편의 얼굴이 깨어져 흘러내리고 있다. 작가들은 무기물로 치열한 작업을 통해 작품의 생명력을 구현한다. 따라서 작품 속에 노부부는 살아있는 것이다. 그런데 어느 날 남편은 먼저 생명력을 잃고 다시 무기물로 돌아가고 있다. 작가가 말하고자 하는 그 무엇이 있는 것일까? 작가는 접착제를 남편 얼굴에는 덜 쓴 의도적인 작업이었을까? 남자의 수명에 대한 보편적인 설명이었을까? 그냥 우연히 남편 얼굴이 깨어져 흘러내리고 있는 것일까? 필자의 난센스 적 상상력 일지 모르겠으나 작품 속의 남편이 먼저 흘러내렸으니 수명을 다한 것이나 마찬가지다.

현실적으로 남자가 여자보다 수명이 짧은 건 여러 통계를 봐서 증명이 된다. 그리고 주변을 돌아보면 남편의 나이 차이를 감안하더라도 대충 몇 년을 앞서 떠난다. 남녀 수명의 차이는 여러 측면에서 볼 수 있는데 아무래도 직업상 위험한 일에 노출 되고 또한 음주 흡연으로 인한 심근경색, 뇌졸중, 당뇨, 같은 질병을 지고 있다할 것이다. 그러나 의술이 발달하고 국가 정책적으로 전 국민 건강검진을 생활화하고 남성 흡연율이 감소하면서 심장질환, 폐암의 발생이 감소함으로 2016년 6.2세였던 남녀 차이는 불과 3.3년에 이를 정도로 좁아졌다. 스웨덴의 사례에 의하면 60세가 되기까지 남녀 수명 비율은 거의 같았으나 80세엔 여자3명에 남자2명이 남았고 100세에는 여자6명에 남자1명이 남았다.

남녀의 기대 수명 차이가 좁아지고 있다 그러나 생리적인 차이가 있는데 여성 호르몬이 심장질환에 걸리는 것을 막아주기 때문이라는 보고도 있다. 회자 되는 말에 '9988234'는 99세까지 팔팔하게 살고 2~3일간 앓다가 죽자. 이지만 그 후속타가 '9988231'이다. 풀이하면 99세까지 팔팔하게 살다가 2~3일 앓다 벌떡 일어나자는 것이다. 무슨 배짱인지는 모르겠으나 오래살기를 바라는 욕심이랄 수 도 있다.

진시황은 오래 살며 부귀영화를 누리려 불로초를 구하기 위해 사방팔방 먼 나라까지 종들을 보냈지만 인간 세상에 불로장생의 그 무엇이 있으랴, 부질없고 허망한 욕망이었고 인간수명 100으로 봤을 때 그는 반평생을 겨우 채우고 죽고 말았다. 오래 사는 것이 마냥 행복한가에 대한 질문에 노인들은 답해야 한다. 생리적인 현상으로 감당해야 할 일은 물리적인 도움을 빌리더라도 건강을 도모할 의지력은 잃지 말아야 한다. 다리에 힘을 잃으면 살아도 죽은 것이나 마찬가지다. 조물주가 데려 가시기까지 우짜든지 스스로 걸어 다니다가 나무 갑옷을 입자.

> "우리의 연수가 칠십이요 강건하면 팔십이라도 그 연수의 자랑은 수고와 슬픔뿐이요 신속히 가니 우리가 날아가나이다." 시90:10

묵은 지

외식할 기회가 생겨 일부러 먼 거리를 달려 한식집을 찾았다. 규모를 갖춘 식당들은 대체적으로 조용하고 한적한 곳에 자리하고 있는 듯, 한식 전문집들이 특히 그런 것 같다. 적당한 크기의 정원과 마당을 갖추고 실내의 벽은 벽지를 피하고 황토를 발라 전통 가옥의 분위기를 강조하며 출입문도 격자문살을 붙이고 문고리는 주물 원형쇠고리로 덜렁거리게 해 놓았다.

주문한 메뉴가 차례를 따라 띄엄띄엄 상에 오른다. 위를 달래기 위해 죽이 언제나 먼저 나온다. 뒤를 이어 야채샐러드가 오르는데 한식 전통의 맛을 한참 벗어난다. 풋 것들 위에 뿌려진 것은 발사믹 소스고 퓨전요리다. 한식 전문이라는 용어 속엔 이미 혼합적인 음식문화가 깊이 들어와 있고 우리는 알게 모르게 퓨전 입맛에 길들어 가고 있다. 시골집에 앉아 할머니 밥상이면 몰라도 한식이란 간판으로 영업을 해야 하고 여러 부류의 고객과 입맛을 고려해야 한다면 전략상 양념의 진보가 뒤따라야 하고 무엇보다 젊은 계층의 입맛을 배재할 수 없다.

한 나라의 고유문화라 할지라도 다른 문화의 영향을 받으며 상호 발전하듯이 음식문화도 마찬가지로 다양한 재료와 요리법들이 이전의 맛을 뛰어 넘는 조합의 음식으로 개발되고 있음을 본다.

한정식 코스엔 의례 돼지수육 몇 점과 야채 찬류가 곁들어지는데 필자의 눈에 들어오는 것이 있는데 바로 '묵은 지'다. 메뉴에서 주목 받을 먹 거리는 아닐 수 있으나 우리고유의 찬거리며 한식 메뉴의 현주소일 수 있다. 퓨전이라는 다소 느끼한 입맛을 단박에 정리해줄 뿐 아니라 세계 어느 곳에서도 세팅 될 수 없는 절묘한 조우라서 그렇다.

이참에 묵은 지와 오버랩 되는 인생 이야기를 해야겠다. 시간을 매개한 모든 생명은 동반의 숙명을 가지고 간다. 묵은 지는 원래 생김치라는 이름으로 양념에 버무려져 싱싱하고 아싹한 맛으로 태어난다. 그러나 각광의 시간은 단 이틀 남짓이고 발효의 수순으로 들어간다. 고등동물 인격체인 인간도 축복 속에 태어나 부모양육의 과정으로 들어간다. 김치는 갖은 양념과 최적의 숙성 조건을 거치게 되면 영양과 맛을 보장 받지만 양념이 부실하고 숙성과정에 높은 온도에 노출 된다면 영양과 맛을 다 잃게 된다. 마찬가지로 한 인간이 태어나 균형 잡힌 양육 환경에서 성장한다면 원만한 성품의 교양인으로 자리 매김할 것이다. 그러나 성장과정 환경이 부실했다면 부적응 인격체로 문제아로 상처 깊은 개체로 살아갈 수밖에 없다.

바람직하고 성실한 젊은 날의 개체는 범사에 요소요소에서 제구실을 하며 가정과 사회 나아가 국가와 민족을 위해 일익을 담당 하게 된다. 김치도 알맞게 숙성 되었을 땐 다른 반찬이 무색할 맛으로 밥상을 압도한다. 기름지고 느끼한 음식에 식상할 때 김치는 일시에 입맛을 돌려놓는 구원투수가 된다. 그리고 밥상의 균형을 잡아 준다.

세월이기는 장사 없기에 청. 장년의 시기는 눈 깜박할 사이에 가 버리고 노령의 시기에 접어든다. 나에겐 늙음이 해당 없을 것 같은 청춘이 살 같은 시간 앞에 속수무책으로 맞닥트려 지는 것이다. 김치는 숙성의 한 과정이 지나고 나면 불리는 이름이 달라지는데 그 이름이 묵은 지다. 찬란한 시간은 잠시잠깐이요, 누런 꼴로 명명된 묵은 지는 지나온 시간이 아까워 그냥 그대로 있을 수 없기에 다양한 용도의 요리에 한 몫을 한다. 각종 육류 찌개에 단골로, 돼지수육의 짝으로, 각양무침과 볶음의 주역으로, 시래깃국 등 요소를 따라 쓰임을 받는다. 노년기의 인생은 그 쌓은 경험적 노련미로 인해 젊은 세대의 길라잡이가 되고 그 경륜은 사회의 기강이 된다.

"백발은 영화의 면류관이라 공의로운 길에서 얻으리라"

잠16:31

그리고 묵은 지는 속을 털어낼 때 비로써 쓰인다. 발효와 숙성의 아름다운 시간을 위해 품고 안았던 갖은 양념과 속을 이제는 털어내야 한다. 이미 각광의 시간은 지났기 때문이다. 다 털어내고 깨끗이 정리한 몸가짐이 되었을 때 시비 없이 쓰인다.

인생 또한 말년의 단백 한 삶은 그동안 끼고 살았던 모든 거추장스럽던 요소들을 털어내어야 한다. 변하지 않은 인격과 모난 성품, 이기적인 아집, 그리고 못 가지고 갈 물질 사랑하지 못한 감 정 등등. 마음을 비울 때 비로써 아름다운 노년을 말할 수 있다.

김치는 묵은 지의 이름으로 바꿨을망정 버릴 것이 없이 쓰임을 받는다. 마지막이 아름답다. 인생 또한 떠나는 날에 이르기까지 구차하게 살지 말자. 속절없이 낭비한 시간을 어쩔 것인가. 황망하게 당하지 말고 남기고 가는 것이 있도록 하자. 청담의 주인공으로 살아감이 어떨까…….

"범사에 기한이 있고 천하만사가 다 때가 있나니" **전3:1**

묵은 지

생김치야~
묵은 지를 괄시하지 말거라
나도 너처럼 한때가 있었단다.
우리는 하나의 생명이고 맛을 위해 태어났단다.
너의 아싹하고 싱싱한 감칠맛은 양념 맛이니
착각하지 말거라 이틀이 고비란다.
시간은 우리를 그냥 두지 않고
발효라는 짐을 지우니
그 또한 감내해야할 운명이란다.
짐을 잘 지면
숙성이라는 상도 받고 일생의 기쁨도 있단다.
그러나
생명에는 기한이 있는 법
산미라는 선고를 받으면
묵은 지라는 이름이 붙고
붉은 겉치레 있으나 누런 모습이 되지
괄대하지 말거라
아직 할 일이 남아 있단다.

셀러리 향

원론적인 얘기지만 음식은 장르에 따라 조리 시 들어가는 주재료와 부재료가 시간과 균형을 맞추고 적당한 양념이 어우러지면 맛깔스런 요리가 된다.

그런데 음식을 조리하는 사람의 솜씨에 따라 그 맛은 차이가 많다. 같은 재료를 사용해도 조리자의 소질과 감각에서 확연히 구별 된다. 시중의 별난 맛 집을 보면 어떤 가게는 문전성시를 이루고 같은 업종임에도 옆집은 파리만 날리는 걸 어렵잖게 보게 된다. 솜씨 차이고 양념과 재료에 남다른 노하우가 있다. 음식점은 손님이 처음 가는 집이 그 날로 단골손님이 되는 경우가 바로 맛 때문이다. 맛의 비결은 영업비

밀이기에 좀처럼 공개하지도 않지만 비법을 알아내기도 어렵다.

일반 가정의 사정도 다르지 않다. 주부 내지 주방을 들락거리는 사람의 조리 솜씨와 취향에 따라 그 집의 음식 문화가 들어나고 누구 집 아무 댁은 참 요리를 잘 한다……. 음식이 맛나다…….

등으로 동네에 소문이 나게 마련이다. 따라서 가족구성원의 영양과 건강상태가 나타난다. 건강의 지표는 한 가정의 식문화와 생활습관 등이 근거가 되기 때문이다.

사람의 건강함에는 여러 요인이 있겠으나 무엇보다 그 가정의 섭취 식문화의 질에 따라 좌우 된다 할 것은 균형 잡힌 식단이 아니면 영양과다나 결핍으로 나타나고 질병으로 이어진다. 왜냐하면 살아있는 모든 생물들은 뭘 먹느냐에 따라 그 장기적인 모든 결과는 건강상태로 귀착되니 말이다. '음식으로 못 고치는 병은 약으로도 못 고친다'란 말은 괜한 말이 아니다.

우리가 자주 쓰는 말 중에 '잘 먹고 잘 살아라'란 말이 있다. 실은 분쟁이나 시비 혹은 비난의 끝으로 내 뱉는 말이다.

옛날부터 우리 삶 속에 눌러 붙어 분을 못 이겨 저주스럽게 퍼 붓는 말이지만 생각해보면 저주스럽지 않고 오히려 축복에 가까운 말이다. 잘 먹고 잘 사는 것은 분명 풍요를 누리는 복이니까……. 요즈음 나는 절친하고 만만한 사람들에게 인사 끝말로 해 주는 애교 있는 축복의 말로 대신한다.

나는 성장기에 잘 먹고 잘 살지를 못했다. 나라의 격변과 혼란의 시대는 삶을 핍절하고 궁핍한 나락으로 떨어지게 하였고 그 누구도 상황을 피해갈 수 가 없었던 세월이었다. 어쩔 수 없는 시대 상황과 맞 물려 하루의 끼니를 걱정 없이 넘어가는 날이 없었고 배고픈 날이 많았다. 아침밥을 먹는 시간에는 집 대문 앞에 거지들이 간격도 없이 닥치고 외친다. '밥 좀 주소~'정말 거지들이 많았다. 그 처량한 외침이 아직도 귓가에 맴돌고 애처로운 추억들로 남아있다.

그 당시 해운대 바닷가 인근 자리에 미군의 보급창 부대가 이었고 외부와 단절의 벽은 블록 담이 아닌 긴 철조망 울타리로 되어있었다. 나는 동네 형, 또래들과 정오를 알리는 고동소리를 들으며 미군부대로 뛰어 내려간다. 부대까지는 10분 거리 부대막사 중간 자리쯤에 식당이 있고 조리실이 붙어 있다.

숨을 헐떡이며 울타리를 움켜잡고 숨을 고른다. 울타리에 붙은 자리에 따라 그 날의 운이 좌우 된다. 소위 명당자리다. 즉 식당 출입구와 가장 가까운 곳에 붙어서야 습득물을 획득할 수 있는 확률이 높기 때문에 먼저 달려간 놈이 명당을 차지하고 순서에 따라 일렬행대로 길게 철조망에 손가락을 짚어 넣고 한 곳으로 시선을 모은다. 해운대 미포부락 아이들은 동네에서 가까워 고동소리와 관계없이 늘 상 빨리 자리를 잡고 있다. 때문에 우리 동네에서 뛰어가 본들 명소에 붙어서기는 쉽지 않다. 혹 이거다 싶어도 등치 큰 형들의 힘에 밀려나기 일쑤다. 등치가 외소 한 나는 자리와 상관없이 행운을 기다릴 뿐이다.

그로부터 20분쯤 지나면 식사를 마친 병사들이 식판을 들고 나온다. 먹다 남은 음식을 쓰레기통에 버리기 위해서다. 그러나 언제부터인가 병사들은 습관처럼 마른음식 부스러기를 쓰레기통에 붓기 전에 올망졸망 침을 삼키며 기다리는 아이들에게 음식물을 건넨다. 철조망 틈으로 건네받는 것은 주로 빵부스러기와 운이 좋으면 치킨쪼가리, 바나나도 얻어 걸린다. 껌과 티백 커피와 초콜릿도 혹은 사탕 등 세상천지에 경험하지 못한 신비한 맛을 경험을 한다. 미군병사 입장에선

지지리도 못 사는 나라의 불쌍한 백성으로 보였겠지만 우리는 그런 체면 따윈 해당상황이 아니었다.

기억 중에 가장 생생한 것은 스프 냄새다 물론 빵 굽는 냄새도 좋지만 스프를 끓이는 냄새는 그의 환상적이다. 세상에 이런 냄새의 음식은 어떤 맛일까 상상력을 자극하고 신비롭게 느껴진다. 지금 생각하면 그때의 스프는 셀러리를 넣어 끓인 토마토 스프로 추정 된다. 맵고 짠 절임 음식에 길들여진 아이가 각양 채소를 버터에 볶아 내 토마토를 넣고 끓어내는 스프의 냄새는 이해할 수 없는 맛의 세계였음이다.

개척교회를 시작하고 1년을 지나면서 나는 한식조리를 배웠다. 요리에 약간의 감각이 있음을 알고부터 누가 시키지 않아도 주방을 기웃거리는 재미와 습관이 생겼다. 몇 안 되는 교인들과 식사를 나누면서 가능한 양질의 식단을 마련해 섬기기 위함이다. 교역자인 우리 내외가 식단을 감당한다. 주일예배가 끝나면 점심식사를 하게 되는데 일주일에 한 끼를 같이 나누는 일이지만 돌아서면 다음 주 메뉴로 신경을 쓰게 된다.

일 년에 한 두 번은 양식을 차리는데 스테이크에 스프는 물론 야채 스프다. 교인들의 식성을 묻지도 않고 순전히 내 취향으로 준비해 내어 놓는다. 우리 음식에 국의 종류가 많은 것처럼 양식도 마찬가지로 수십 가지가 넘는 스프가 있다. 그럼에도 나는 야채스프를 좋아한다. 이유라면 그 옛날 어린아이의 코를 자극하고 감각의 기억 속에 깊이 각인된 야채스프의 셀러리 향이 추억의 향이 되어 떠나지 않기 때문이다. 따라서 나는 이때까지 양식당에서 야채스프 외의 스프를 시켜 본 적이 없다.

이번 주 예배 후에도 양식을 준비해 교인들과 나누었다. 맛나다고 칭찬이 이어진다. 물론 셀러리를 넣어 향을 날린다. 추억의 향으로, 잊을 수 없는 맛으로 셀러리는 오늘은 물론 먼 훗날도 감성을 자극하며 아련한 추억으로 일깨울 것이다. 셀러리는 나에겐 아주 특별한 향이다.

인연

생명의 탄생은 인연으로부터다. 한사람의 남자와 여자의 만난 사랑은 연을 태동하니 부모와의 인연이고 시작이다. 인류는 그렇게 인연으로 조성되고 역사를 이루어 왔다. 일찍이 아리스토텔레스는 '인간은 사회적 동물'이라 했으니 한 가정의 인연은 사회의 구성원이며 나라의 근간이 된다.

관계를 통한 인연은 선연일 수도 있지만 악연일 수도 있다. 선연이란 시작도 좋아야하지만 끝이 좋은 관계를 말할 것이다. 반면에 악연이란 좋은 인연이 악연으로 끝나는 경우이고 만나지 않았더라면 더 좋았을 것 같은 사람을 말한다. 좋은 인연은 피차 덕을 세우고 아름답지만 나쁜 인연은 필연적으로 상대로 하여금 상처를 입히고 멀어져 버리며 사람은 언제나 악연으로 상처를 받고 상심한다.

사람은 한 평생 삶을 통해 숫한 인연의 길이 이어지지만 기억하고 싶지 않은 관계는 더 깊이 뇌리에 똬리를 틀고 있다. 그 인연의 관계는 우연처럼 다가와 필연이 되고 인식의 심연에 오점으로 혹은 양선자로 남는다. 필자는 지나온 삶속에 각인된 서너 사례의 인연을 기억 속에 되뇐다. 오래 전부터 우리나라는 심한 지방색을 얘기하며 특정지역과의 관계에 대한 인식이 세대를 이어가며 반목질시하고 비난의 틀을 깨지 못한다. 특히 전라도와 경상도가 그러하다. 어릴 때부터 들어 왔지만 경험하지 않은 인식은 언제나 잠제 되어 머물러 있다. 원인에 대해선 이런저런 이유를 대지만 확실한 근거는 아닐 것이다. 그러나 추론하자면 정치세력들이 조장해낸 이기적 산물일 것이다.

필자는 베트남 전쟁에 참여한 파월 병 출신이다. 이미 건강한 정병으로 태어나고 우방의 자유와 평화를 위해 떠난 장부였다. 훈련 병 때 만난 여러 지역의 동기들을 그 지방의 도도히 흐르는 문화적 특성과 인간성을 경험할 겨를이 없었고 다만 함께 목표한 기한을 채우고 나와야할 하루하루 일정에 만 생각이 몰입 된다.

전쟁터는 병사 간 유대가 돈독하고 신뢰가 두텁다. 따라서 서로를 위해 성실하고 책임감 있는 행위에 신경을 쓴다. 그런데 어느 날 부대 작전일정에 따라 이틀을 맹호 포병부대 작전에 참여하고 돌아와서 곧바로 눈에 띄는 것은 실로 말문이 막히는 일이 일어난 뒤였다. 나보다 3개월 앞서 귀국하는 선임 병이 있었는데 그는 까닭 없는 트집으로 고참 질을 해 되니 사이가 불편했다. 믿는 도끼에 발 찍히는 꼴이 일어나고 만 것이다. 그가 귀국하면서 내가 없는 틈을 타 관물 함에 애써 모아둔 귀국용품들을 몽땅 털어 가버린 것이다. 내무반에 있었던 동료들도 모르는 사이에 쥐새끼 같은 짓거리를 하고 날아 버렸다. 울화통이 터진다. 진정이 안 되고 망연자실에 어찌할 방법도 없다. 이 같은 짓은 단순한 도적질을 넘어 강도짓에 다름 아니다. 전쟁터까지 와서 동병상련 형편과 처지를 뻔히 아는 상황임에도 일말의 양심도 없는 짐승 같은 짓을 한 것이다. 벼룩의 간을 내어 먹는 일이 있을망정 이런 몹쓸 짓 앞에 욕과 저주가 앞선다. 전라도 사람에게 당한 첫 사례의 사건이다.

베트남 철군 후 남은 병역기간을 전방 포병부대에서 보내게 된다. 일 년 남짓한 병영생활은 무척 견디기 힘든 기간이었다. 다시 적응해야하는 군 정서에 월남병장 물병장이라는 비아냥거림과 텃세를 견뎌야했고 무엇보다 선임 병의 모진 악행에 전 저리가 난다. 얼마나 골병이 들었든지 45년이 지난 지금도 그 악명 '변재성'의 이름이 기억에서 틀어내지 못하고 있다. 그는 재대 말년이란 핑계로 군 내무 생활에 규율은 남의 일이고 저녁마다 인근민가 주막집에서 구해온 막걸리를 마셔댄다. 그는 술을 마시면 얼굴이 벌겋게 달아오르면서 눈에 살기가 돈다. 그리고 주사를 부리는데 그 행위는 악랄하기 그지없다. 눈에 뵈는 것이 없다. 이틀이 멀다하고 취침중인 졸병들을 깨워 집합 시키고 신체적 학대를 가한다. 이해불가의 인종이고 정말이지 죽이고 싶은 인물이다. 3.5m 로켓포신으로 복부를 사정없이 가격하면 창자가 울려 끊어지는 고통이 온다. 곡 갱이 자루로 맞은 다리와 허벅지는 피멍이 터져 진물이 난다. 하루하루가 지옥 같은 생활이다. 지금 같으면 상상도 할 수 없는 고문 같은 만행을 저질렀고 상부에 신고하는 일은 생각지도 못하던 때였다. 그러면서 등신같이 참아냈다. 이 자는 전라도 사람이고 두 번째 당한 악연이었다.

부모로부터 물려 받은 재산이 없는 사람은 경제 공황 시절을 지난다는 것은 나날이 투쟁의 시간이고 된비알을 넘는 고난의 여정이다. 개중에 자수성가 하는 이들이 주목을 받기도 하지만 절대다수 서민들의 삶은 고달팠다. 필자 역시 각박한 환경에서 주물주로부터 받은 달란트를 간직하며 각근히 살았고, 무엇보다 없는 집에 시집와 고생하는 아내의 경제 활동이 큰 시너지를 내며 미래의 꿈을 키웠다.

어느 날 이웃에 사는 같은 교회 양 집사가 들렀다. 물론 한 교회 소속교인으로 이래저래 친하고 왕래가 잦은 터에 자연스런 발걸음쯤으로 생각했으나 그날의 방문 목적은 돈을 빌리는 것이었다. 부인이 서면에서 옷가게를 하고 있는데 급히 메울 돈이 필요하다는 것이다. 그리고 이틀 뒤 수금이 되니 바로 갚겠다는 말이다. 그 전날 그들의 초청에 응하고 저녁 식사를 마칠 때까지 사정 얘기는 없었다. 식사대접을 받은 뒤라 막상 딱 잘라 거절하기가 쉽지 않을 것을 그들은 알고 있었다. 우리보다 열 살은 더 먹은 사람들이다. 약지 못하고 어진 사회 초년생 우리를 잘 이용할 줄 아는 닳은 사람들이다. 딱 10만원을 빌려 달란다.

지금으로부터 40년 전 일이다. 아내는 임신한 무거운 몸으로 피아노 교습을 했고 우리가 모아 가진 돈을 염려스러웠지만 믿고 내어 주었다. 그 돈은 다음 달 다른 곳으로 피아노 스튜디오를 옮겨야할 전셋돈이었다. 피땀 흘려 근근이 모아 놓은 돈이고 생애처음 모은 생활계획의 밑천인 것이다. 토요일에 빌리고 이틀 뒤 월요일에 갚겠다는 말을 철떡 같이 믿었다.

그러나 그들은 주일예배 시간에 나타나지 않았다. 순간 불길한 생각에 예배를 어떻게 드렸는지 모른다. 목사의 설교는 귓전에서 맴돈다. 예배가 끝나기 무섭게 양 집사 집으로 내달았으나 그들은 이미 이사를 한 뒤였고 짐을 꺼낸 방구석은 시커멓게 엉긴 먼지가 흩어져 뒹굴고 있었다. 불길했던 생각이 참담한 현실로 눈앞에 펼쳐지고 있는 것이다. 허탈과 공포로 맘이 무너진다. 우리에게 닥쳐서 안 될 일인데……. 몸이 얼어붙어 발걸음이 떨어지지 않는다. 이들은 토요일에 빌린 돈을 챙겨 그날로 야반도주 한 것이다. 그들은 전라도 사람들이고 그렇게 악연을 남긴 체 사라지고 만 것이다. 진실이 없는 사람에게 진실을 쏟아 부은 댓 가로 받는 벌이 악연이란 말이 실감나는 형국이다.

여식들이 짝을 찾아 맺으면서 또 다른 인연으로 다리를 놓는다. 인연이라는 것이 내 의지대로 되지 않는 어떤 관계를 형성하고 삶을 바꿔 놓기도 하며 인식의 틀을 깨기도 한다.

둘째 여식의 결혼은 지금까지의 고정관념을 무너뜨리는 개기를 만든다. 결혼을 전재로 사귀는 놈 씨를 만나보니 부산이 고향이고 어딜 보나 토박이 부산 놈이다. 이들이 결혼하고 집안끼리 사돈지간이 되어 알고 보니 그들의 고향이 전라도이고 부산에 사는 타 향인 이지만 일찍이 고향을 등지고 부산 살이 40년이 가까우니 부산이 고향인 셈이다. 그러나 전라도 사람들에 혼비백산한 필자는 공교로운 인연에 선뜩 내키지 않은 맘에 갈피를 못 잡는다. 전라도 사람과 인연이 되고 사돈지간이 된다는 현실을 받아들이기 어렵다. 지난 세월 속에 당한 악몽 같은 인연이 먼저 떠오르기 때문이다. 정신적으로 육체적으로 당한 트라우마가 쉽게 지워지지 않을 것 같다. 소실 적 어른들로부터 막연히 들은 지역감정이 어른이 되면서 당한 일로 인식은 굳어지고 피해야할 인연으로 낙인 된다. 그러나 운명처럼 다가온 인연은 인식의 전환을 요구한다. '자식 이기는 부모 없다'란 말은 부모의 의지와 편견과 욕심을 내려놓아야 한다는 명제를 던지는 말이다.

그렇게 하여 전라도와 경상도의 지역감정에 실금이 생긴다. 사위에 대한 믿음을 없이할 수 없을 뿐 아니라 사돈내외의 삶을 이해하고 인격을 존중하는 과정은 지역정서를 내려놓는 시간으로 그리 오래지 않았다. 사람이 살 동안 맺는 인연 중에 몇몇의 악질적인일탈행위로 받은 상처가 크지만 그 사람 그 인연이 그 지역감정의 표상이 될 수는 없는 것이다.

지나간 세월 속에 피멍 들고 한 맺힌 사례들은 무지하고 어리석은 인연들과 함께 살아야만 했던 어쩔 수 없는 일로 치부하고 맘속으로 용서하며 그들의 영혼을 위해 기도할 수밖에 없다. 운명처럼 인연이 되고 헤어지는 것이 땅 위에 피하지 못할 삶이다. 그런 상처가 없으면 심심한 추억이 아닐까 자위해 본다. 모두는 그렇게 지나간다.

> "찢을 때가 있고 꿰맬 때가 있으며 잠잠할 때가 있고 말할 때가 있으며 사랑할 때가 있고 미워할 때가 있으며 전쟁할

때가 있고 평화할 때가 있느니라" 잠3:7-8

창조주 하나님과 인간의 인연은 교제와 소통을 위한 것이었다. 천지만물을 지으시고 마지막 날 인간을 흙으로 빗으시고 에덴동산에 살게 하셨다. 그리고 이 모든 지은 것이 하나님 보시기에 아름답다고 하셨다.

인연과 소통은 상대로 하여금 신뢰와 약속을 지킬 때 지속될 수 있다. 그러나 인간은 그 약속을 깨어 버리고 하나님과 원수가 되어 결별하고 만다. 결국 인간성은 파괴되고 자연도 인간과 불화하게 된다. 하나님을 떠난 인간은 본성적으로 죄의 지배아래 놓이게 되니 악을 행할 수밖에 없다.

그러나 하나님의 한없는 사랑은 독생자 예수를 이 땅에 보내심으로 마침내 화해의 길을 여셨다. 하나님은 인간으로 하여금 처음 맺은 인연을 회복시키고 공의를 이루시기 위해 예수로 모든 인간의 죄악을 담당 시키시고 십자가에 못 박혀 보혈을 흘리게 하신 것이다. 하나님과의 회복은 예수님을 믿는 일이고 구원의 인연으로 나아가는 길이다.

모든 인간은 아담의 후손으로써 인연을 가지고 태어난다. 따라서 하나님을 떠난 죄에서 끊어진 인연을 회복하는 길은 예수 앞으로 나오는 것이고 구원의 유일한 길이다. 모든 인연의 완성은 하나님과의 화해이며 지음 받은 인간의 본분과 목적을 회복하는 것이다.

> "이 백성은 내가 나를 위하여 지었나니 나를 찬송하게 하려 함이라" 사43:21

배추 겉잎

윗대부터 해운대 토박이로 나고 자라다 고향을 떠난 지 반 평생을 넘기고 자의반 타의반 고향땅을 밟으며 이사를 했다. 남향 아파트의 거실 안쪽으로 식탁에 앉았어도 맑은 날이면 멀리 일본 대마도가 보인다. 해운대에서 대마도까지는 49.5Km 이고 어릴 때부터 미포 앞바다에서 보와 왔던 풍경이고 대마도는 항상 그 위치에서 볼 수 있다. 그런데, 관광 특구가 되면서 여러 코스를 개발하고 달맞이 길이다. 문텐 로드 다 명명하고 길목마다 안내 표지판을 세워 둔 것까지는 좋으나 안내판 소개 글이 사실적 실증 없이 만들어졌다는 것이다. 대마도가 65Km 떨어져 있고 수평선에 비친 신기루이며 보이다 사라졌다 한다니 타지 인이 표지판을 보았다면 곧이곧대로 믿을 것이 뻔하다. 답답하고 무척 한심한 행정이다.

해운대에 겨울 아침 햇살에 반짝이는 바다 물결은 작은 보석이 쪼개지듯 빛나고 눈이 부신다. 각종의 배들이 쉴 새 없이 파도를 가르며 미끄러진다. 순간 눈요기가 아닌 주거 환경이다. 어쩌면 바다가 없는 충청북도 사람들이 들으면 욕이 나올 환경임은 틀림없다. 그러나 같은 해운대에 살아도 바다를 조망하지 못하고 바다구경은 일부러 짬을 내어야 볼 수 있는 곳이 많다. 무슨 호사스런 변말이라겠지 만 필자의 형편으로도 격이 맞지 않는 해운대 요지에 자리한 아파트다. 어쩌다 기회가 잘 맞아 딸. 사위의 배려를 등에 업고 고향땅에서 남은 생을 보내야겠다는 욕심 같은 것이 합세해 지난여름의 혹서에 이사를 했다.

몇 개월을 지내는 동안 분수가 맞지 않은 이런저런 상황에 맛 닥트린다. 예로 지하 주차장은 국산차를 찾기가 쉽지 않다. 따라서 필자의 국산 중고차로 외제차 옆댕이에 주차할 땐 순간 남세스럽고 기가 죽는다. 물론 남의 이목을 집중한 탓이겠다. '억울하면 출세를 하라'는 유행가 가사가 있긴 하지만 축재가 출세인지, 명예와 권력을 가진 것이 출세인지는 모르겠다. 어쨌든 고금을 통해 이런 조건을 갖추면 출세한 것으로 여긴다. 이것도 저것도 아니라면 '병아리 우장'한 꼴이다. 그럼에도 한 평생 사역의 일로 이 땅에 소망을 두지 않고 살며 섬기는 그것으로 인한 가치관 때문에 문제없이 오늘도 내일도 살고 있다. 엘리베이터 안에선 먼저 인사를 건 낸다. 그런데 만나는 주민들이 그렇게 부한 품위와 격조 있는 인상을 받지 못한다. 부자 아파트에 산다고 다 고상한 모양새를 하고 있는 것은 아닌 것 같다. 그렇다고 밖으로 표가 난다면 관계가 껄끄러울 것이다. 요즈음은 가진 자도 수수하게 보이는 사람이 많다. 겉을 보아선 알 수 없으니 차별이 없을 것 같아 편하게 대하며 출입한다.

해마다 겨울에 접어들면 집집마다 갈무리를 위한 일이 시작 되는 데 그것은 김장하는 일이다. 한 해를 마무리하는 가장 우선순위라면 김장을 끝내고 허리를 펴는 일일 것이다. 그것도 혹한을 당해 배추가 얼어 곤란하기 전에 마쳐야 안심이 될 뿐 아니라 남부럽지 않게 먹 거리가 든든한 서민의 소망이 담기는 일이다. 무심코 "인자~ 이자 뿟다"란 말, 안도의 말로 해를 마감하며 가장 내뱉고 싶은 말이지 모른다.

필자는 개척교회 사역을 하는 까닭에 교회 식구들의 일 년치 용도를 채우기 위해 수십 포기의 김장을 해야 한다. 해마다 갈무리를 위한 중대사다. 배추를 골라 쪼개며 겉잎을 폐기할 것과 시래기용으로 분리하고 소금에 절인다. 갖은 양념으로 김치를 담그는 일은 최소 사흘이 족히 걸린다. 올해도 섣달 중순을 넘길 즈음에 김장을 마쳤다.

우리 아파트는 음식 쓰레기를 지정된 통에 수시로 갖다 버린다. 따라서 배출되는 음식찌꺼기가 어떤 것인지 통을 열면 바로 보인다. 한 날은 아내가 하는 말이 우리 아파트 음식 쓰레기통에 배추 겉잎이 안 보인다는 것이다. 거의 한 달을 두고 관찰한 꾸밈없는 실화다. 늦가을부터 초겨울에 이르는 동안 우리나라는 어느 가정할 것 없이 김장을 위해 배추를 손질하며 추려 버릴 떡잎과 삶아 낼 겉잎을 구분한다. 그런데 우리 아파트엔 김장을 한 흔적이 없다. 이만 때면 당연히 음식 쓰레기통에 배추 겉잎이 차고 넘쳐야한다. 김장을 하지 않는 아파트인가? 김치를 먹지 않는가? 김장때를 맞춰 배추단이 눈에 띄고 분주한 모습들이 보이지 않기 때문이다. 엘리베이터에서 만나는 사람들은 어느 누구도 김장에 대해 말하는 이가 없다. 이것이 아파트 수준인가 싶다.

저마다 수준에 맞게 산다고 하지만 우리 고유의 전통이자

년 말 식 문화의 최대행사인 김장 담구는 모습이 안 보이니 같은 공간에 살면서도 이해 안 되는 별 세상이다. 서민들은 김장을 끝낼 때 비로소 해를 넘긴다. 과연 우리 아파트 사람들은 김장을 하지 않을까에 생각이 이르니 방법은 여럿 있음을 알게 되었다. 생산지에서 배추를 절여 택배로 받는 것과 아예 김치를 사 먹는다는 것이다. 따라서 여러 수고의 과정을 생략해 버리고 편한 방법을 택한 것 일거다.

김장은 옛날에 저장 시설이 오직 땅속이었다. 온도가 일정하니 그나마 해가 바뀌어도 일정기간의 보존이 가능했다. 물론 염장의 농도가 높아 대체로 짜 부작용도 있었지만 신선한 채소를 구하기 어려웠으므로 오래 보관하는 방법이었다. 삼국시대를 거쳐 고려, 조선시대에 이르면서 김치라 불리고 마침내 유네스코 인류문화 유산에 등재 되는 소중한 우리의 식 문화다. 따라서 우리 고유의 자랑할 과학적인 식 문화이자 자산이다. 작금의 여인네들이 김치를 담글 줄 모른다. 더구나 김장은 남의 나라 이야기쯤 여긴다. 그 부모내들이 김장 경험이 일천하니 여식들에게 재대로 전수하지 못하고 자식 또한 배우며 경험할 의지가 없다. 구태여 손에 짠 끼를 묻힐 필요를 느끼지 못한다. 필요하면 인터넷에 몇 번의 클릭으로 택배로 해결되니 불필요한 수고를 하지 않는 것이다.

김장배추를 추리는 일은 떡잎을 버리는 일이기도 하지만 알 배추를 싸고 있는 푸른 겉잎을 때내 삶고 시래기를 만드는 일이기도 하다. 아낙내들이 시래기의 효용성을 모르지는 않을 것이나 남의 손을 빌리지 않고 손수 배추를 다듬고 추려 겉잎을 삶아 뜨끈한 시래기 국물로 엄동설한의 저녁 식탁을 데움이 어떨까…….

말에 대한 단상

말과 언어생활을 통해 인류는 삶을 지탱하고 역사를 이룩해 왔다. 조물주는 유독 인간에게만 최상의 선물로 주신 복이다. 동물들의 의사소통은 인간 편에서 볼 때 우는 것으로, 교미의 수단으로, 노래로, 단순한 리듬을 가진 소리로 인식된다. 그리고 본능적으로 살고 사라진다. 동물들에겐 단지 진화의 역사가 있을 뿐이다. 인간은 말과 언어를 사용함으로 창조적 진보의 역사가 가능했다. 하지만 말로인해 인류 역사는 치명적인 혹은 대 반전의 역사를 초래하기도 했다. 그 말은 의도적이거나 실수일 때 돌이킬 수 없는 결과로 나타난다. 개인이나 가정과 사회를 망라한 것으로 특히 정치지도자의 그릇 된 신념과 가치관이 목적 실현으로 나타난다면 대재앙과 파멸로 이어진다.

2차 대전 희대의 살인자 최고의 악인 히틀러는 정치적 목적을 위해 거짓말로 일관 된 '나는 오늘 전능한 창조자의 정신으로 행동한다고 믿는다. 나는 유대인들을 막아내고 신의 피조물을 위해 싸울 것이다'라는 말로 600만 명이라는 유대인의 생명을 앗아 버렸다. 다른 한 편은 1989. 11월 9일 저녁 동독의 정치국원 샤보브스키는 '외국여행 규제 완화'정책을 발표하며 이탈리아 기자의 "언제부터 시행합니까?"라는 질문에 "지금부터 당장"이라고 엄청난 말실수를 했다. 당시 그는 정책심리에 참여하지 않았고 잘 모른 채 이렇게 말했다. 국경을 마음대로 드나들 수 있다고 오해한 시민들은 장벽을 부수었고 1년 후 독일은 통일이 되었다. 이 처럼 정치인의 말은 의도적이든 실수이든 국가의 운명을 좌우하는 위력으로 결과 된다.

말은 입안에 있을 때는 내가 말을 지배하지만 말이 밖으로 나오면 말이 나를 지배한다는 것은 말에 대한 책임이 따라온다는 것이며 한 번 내뱉은 말은 에너지를 가지고 있어 영향을 미치기 때문이다.

우리가 잘 아는 몇 년 전 모 방송국에서 '말의 힘'에 대한 실험 결과를 방송한 적이 있었다. 막 지은 쌀밥을 두 개의 병에 담은 후 코르크 마개를 닫고 '고맙습니다'와 '짜증 나'를 써 붙이고 4주 동안 각각 병을 보며 직원들에게 말을 하게 한 다음 열어 본 결과 좋은 말을 들려준 병은 하얗고 뽀얀 곰팡이가 피고 나쁜 말을 드려준 병에는 시커멓게 썩어버렸다. 이 외에도 콩나물과 양파의 실험을 통해서 칭찬과 저주의 말을 들은 식물이 쑥쑥 싱싱하게 자란 것과 파리하게 자란 것이 확연히 구별 되었으니 말의 힘과 위력이 실험으로 나타난 결과이다. 말의 힘이 박테리아, 미생물, 식물의 세포조직에 까지 영향을 미치는데 하물며 존엄한 인격체 존재인 인간에게 두 말이 필요할까……?

뇌 과학자들은 뇌세포의 98%가 말의 지배를 받는다고 했다. 따라서 말로서 사람을 죽이기도 살리기도 하니 말의 위력이며 생명이라 할 수 있겠다. 말은 그 사람의 됨됨이와 인격을 나타내는 것이라 맘에 부정적인 것을 품은 사람은 긍정적인 말을 할 수 없고 또한 긍정적인 사람은 부정적인 말을 안 한 하게 된다. 심성이 곱고 착하면 악한 말을 하지 않겠지만 악한 사람은 독하고 가시와 비수 같은 말을 내뱉는다. 이어서 나타나는 행동도 착하거나 악하다. 상처 받은 마음과 분노를 쌓아 둔 사람은 그 마음에 가득한 것을 입으로 말하니 독설이 나올 수밖에 없고 상대는 또한 상처를 입게 된다. 우리 속담에 '말 한마디에 천 냥 빚도 갚는다.'했고 성경에는 "사람이 말에 실수가 없으면 곧 온전한 사람이라"했다. 말은 마음의 표현이니 세치 혀로 친구 사이가 멀어지고 가정이 무너지고 나라 사이에 전쟁이 발생하고 역사가 바뀌기도 한다. 선하고 사랑을 담은 말은 분쟁을 화해와 화평으로, 낙심한자에게 용기와 위로와 희망으로 이끈다.

사람들은 그 생각과 마음속에 무엇을 담느냐에 따라 선하고 악한 것이 그 입을 통해 나간다. 선하고 아름답고 창조적이고 긍정적인 말이 아니면 더럽고 추하고 악한 부정적인 나가게 된다. 말은 인생의 방향을 좌우하는 핸들이고 배의 방향을 바꾸는 키와 같다. 집에 도둑이 들어 귀중품을 도난 당했다하자 그것으로 인해 자살하는 사람은 없을 것이다. 그러나 비수 같은 말 한마디를 들었다면 스스로 감당치 못하고 목숨을 끊는 일이 비일비재하다.

"혀는 능히 길들일 사람이 없나니 쉬지 아니하는 악이요

죽이는 독이 가득한 것이라” 약3:8

어떤 상처보다 말로 인한 상처는 상대로 하여금 평생 지워지지 않는 원한과 복수심으로 남아 있고 아픔과 병이 된다. 친한 사이일수록 말에 대한 예의를 지켜야 한다. 무심코 내뱉은 무익한 말은 곧 누추하고 어리석은 말이며 부정적이고 불평불만의 말이라 사람의 마음을 어둡게 하고 분위기를 깨뜨리고 다툼을 일으킨다.

필자는 말로 사람들의 변화를 이끌어 내고 희망과 소망을 전달하는 직업을 가지고 산다. 얼마나 조심스럽고 두려운지 모른다. 왜냐하면 말의 위력과 미치는 영향력을 알기 때문이다. 말이 곧 그 사람의 됨됨이요 성품이요 인격이니 나오는 말로 인격이 공개 되는 것이다. “듣기는 쉬이 하고 말하기를 더디 하라”는 말씀을 묵상하며 절제의 삶을 날마다 다짐하고 마음에 회초리를 든다. 특히 혼탁하고 세상 풍조가 갈리는 이즈음엔 가정에서의 품위와 격조 있는 말의 습관은 자녀 교육과 품성에 큰 영향을 미친다 하겠다. ‘말 많은 집은 장맛도 쓰다’ 유익한 말을 하고 말을 아껴야 뒤탈이 없다. 말의 생명력은 환경을 바꾸는 위력이 있으니 입술을 통해서 선하고 아름답고 사랑스러운 말을 하자. 남을 살리고 더불어 행복해지는 긍정의 전달자가 되자.

"죽고 사는 것이 혀의 권세에 달렸나니 혀를 쓰기 좋아하는 자는 그 열매를 먹으리라" **잠18:21**

건더기와 국물

‘우도하탕’이란 말을 들어 본 사람이 얼마나 될까 싶다. 우리나라는 정규부대 창설 이후 군부대 형편이 나라의 경제 상황과 맞물려 의식주 생활은 매우 열악했고 특히 한참 먹고 힘을 내야할 젊은이들이 재대로 못 먹고 꼬박 3년의 시간을 군에서 보내야 했다.

필자의 군복무 역시 격변기 시대 상황에 몸을 던져 파월장병으로 명분상 평화의 첨병으로 국가재건의 주역으로 일익을 담당했다. 우도하탕이란 말은 사전에 없는 말로 군부대의 신조어이다. 언어의 생성은 한 집단의 독특한 생활문화의 소산이고 보니 이 말을 풀면 고상한 사자성어의 운율을 빌린 자조적 비판 어이다. 군을 재대한 사람들은 일생을 통해 가장 피 끓는 젊은 시간의 경험과 추억에 대하여 나름 할 말이 많을 것이다. 특히 여자들은 군대와 축구 얘기를 듣기 싫어하겠지만……. 우도하탕이란 한자음 그대로 '소가 강을 건너간 국'이란 뜻이다. 이 말이 얼마나 평범한 말일까만 국 한 그릇의 비유라면 이것은 비웃음을 떠나 심히 처절한 절규의 소리가 된다. 쇠고기 국이란 이름을 빙자한 얼마나 맛이 없고 젊음의 식욕을 빼앗은 기만의 헛 국이었는지 지금 추억하건데 쓴 웃음이 절로 나온다. 저녁 메뉴에 있는 쇠고기 국은 메뉴일 뿐이고 한 숟가락이라도 떠 본 사람이라면 금세 무슨 말이든 부정적일 수밖에 없다. 고춧가루로 벌겋게 물들인 국물에다 몇 개의 무 조각이 가라 앉아있고 위로는 허연 소고기 비개가 몇 점 떠다닌다. 소고기의 비리고 느끼함과 맵고 너무나 미미한 맛 그 자체에 오히려 구역질이 날 지경의 국물이다.

필자의 생각에 이런 상황은 나라의 민주화와 정치. 경제. 사회의 부패 지수와 밀접한 관계 속에 이해해야 할 부분이다. 급식은 규정에 의한 정량을 공급해야 하고 어떤 부식이든 예하 부대 말단 조리 병의 손을 거쳐 도마 위에까지 올라

올 때 그 양도 맛도 결정 된다. 그러나 보급부대의 군이 얼마나 부패 했는지 몇 단계를 거치면서 좋은 부위의 살코기는 다 잘려 나가고 허여멀건 비개 덩어리만 던져지는 것이다. 물론 조금의 살이 붙어 있었다 치자 영내 장교들 몫이 있으니 병사들에게 돌아 올 몫은 너무나 빤한 것이며 조리병의 재주와 솜씨에 상관없이 무미건조한 식단이 계속 되는 것이다. 작금의 군대식사는 참 좋다하니 후배 군인들이 나라발전의 과실을 먹는 격세지감의 세월을 보게 된다.

요즈음에 와서는 집에서 손님을 치는 일이 별로 없을 듯하다. 바쁘게 돌아가는 세상이다 보니 시간 내어 가정에서 음식을 장만하기가 쉽지 않고 핵가족 사회가 되어 뿔뿔이 흩어져 사니 그렇기 도 하고 초대 받은 측도 피치 못할 의무감이 아니라면 단지 먹기 위한 일에는 별로 관심이 없다. 명절이라면 몰라도 집에서는 피하고 어지간하면 용이한 식당을 찾게 된다. 급박하게 돌아가는 시대 흐름이 그렇고 각종 대소사의 모임은 외식 문화로 자리하고 있다.

한국음식은 기본적으로 국. 찌개 밥이고 그 외 요라라 할 수 있는 부침, 조림, 무침, 굽기 등으로 한 상을 차리기엔 번거롭고 여러 준비의 손길이 요구 된다. 일전에 손님 초대의 일로 며칠 메뉴를 놓고 시름하다 주 메뉴로 육개장을 끓이기로 했다. 우리 음식은 국이 있어야 하기도 하지만 메인 메뉴로 육개장을 만들기엔 일반 국 보다 준비물이 많다 우선 육수를 내야 하므로 양지머리를 삶아야 한다. 진하고 구수한 국물을 얻기 위함이다. 따라서 여러 부재료가 준비 되고 끓는 육수에 건더기가 삶기면 간을 본 후 얼큰한 육개장이 탄생한다. 얼큰함이란 맵고 진한 국물을 말함이고 거기에 시원하다는 표현은 입에 달라붙는 감칠맛을 말함이다.

식사에 초청된 지인 중 한 부부의 식성에 의아한 일이 생겨 필자의 고정관념이 무너졌다. 정성스레 애써 끓인 육개장 그릇에서 건더기만 건져 먹고 국물은 고스란히 남겨 놓는다. 다른 이들은 육개장의 진한 국물 맛을 즐기며 곱빼기를 청하기도 하는데 말이다. 이유인즉 국물은 나트륨이 많아 건강을 해치기로 건더기만 먹는다는 것이다. 이해되는 구석이 있을망정 섭섭한 기분은 어쩔 수 없다. 자기 집에서 일상적인 식단은 그렇게 할 것이고 초대 받은 자리에서까지 애쓴 성의와 정성을 무시하는 듯 별난 행위는 달갑잖게 보인다. 초대 받은 자의 예의가 아니요 그 국물 한 그릇에 당장 혈관 병증이 나타나는 것도 아닐 터, 국물이 싱거워도 그렇게 했을까는 생각이 미치면 따지고 싶은 마음이 든다. 국물이란 재료의 건더기가 들어가 우려낸 물이 국이고 탕이다. 우리가 흔히 보신용이란 국물은 건더기쯤인 뼈와 살이 갖은 향신 재료와 더불어 긴 시간 끝에 진한 국물로 태어난다. 식사모임에서 이런 경험을 했는지……. 간혹 여러 숟가락이 교차 되는 찌개 그릇에서 재빨리 건더기를 욕심스레 건져 내는 사람이 있다. 여럿이 먹으니 재 몫부터 챙기겠다는 식탐 본능이 작동했겠지만 식사 매너로 볼 땐 염치와 양식이 없는 짓이다. 그의 생각에 국물은 언제 떠먹어도 충분하다는 인식이 자리하고 있다. 왜 건더기에 욕심을 낼까……? 건더기가 국물에 우선하는 것이 아니다. 건더기는 우려나 온 국물과 같이 가는 동일체다. 어느 것이 미흡할 땐 맛있는 요리가 될 수 없다.

건더기가 소수의 정치 권력가이고 경제적 부와 명성의 권력을 가진 지배자 내지 지도자들이라면 힘없는 다수의 국민이 국물이 될 것이다. 논리의 비약이라 할 수 있겠지만 한 솥에 담긴 운명 공동체 의식이 요구 된다. 권력에 집착하는 것은 탐욕이고 남가일몽이다. 건더기만을 먼저 건져 먹겠다는 욕망을 제어해야 하고 국물을 하찮게 여기는 어리석음에서 깨어나야 한다. 서로는 신뢰를 회복하고 나눔을 실천해야하며 차별을 극복해야 한다. 시기, 반목질시 아집은 조직과 사회 국가의 발전을 저해 한다. 서로를 인정하고 배려해야 한다. '국물도 없는 줄 알아'라는 말 속에는 조그만 어떤 이득도 생각하지 말라는 경고다. 재 아무리 뛰고 나는 무소불위의 권력 위에 있다한들 다수 국민에 의해 주어진 권력이고 많은 재물과 지적 권력을 가졌어도 다수민의 헌신과 희생이 있었기로 얻은 것이니 남용과 만용은 권력의 주체인 국민이 용서치 않는다. 건더기는 국물이 있기에 돋보이고 제구실을 한다. 따라서 국물은 건더기가 있으므로 조화롭고 아름답다. 한 그릇의 탕에 건더기와 국물이 입맛을 사로잡는다면 그것은 재 자리에서 각기 몫을 다한 결과이다. 건더기를 먼저 건져 먹고 국물을 마시든지 국물을 먼저 맛보고 건더기를 건지든 균형 잡힌 역할이 지켜질 때 맛은 절로 따라 온다.

제2부

바깥세상

키에프 | 일본 엿보기 | 라브라 수도원
금전수와 사위 | 추억의 욕탕 | 우크라이나 서쪽 르비브
부다페스트의 시민 | 반값 굴라시 | 오르간 | 귀국 회견

키에프

낯선 곳의 수많은 현상을 살피고 눈에 담고 맘에 담고 기억에 담는 것이 여행이라면 작정 있는 떠남이어야 한다. 아는 만큼 생각하고 생각만큼 보이고 보이는 만큼 느끼고 깊은 인상으로 풍부한 감성으로 삶으로 자리함을 사전적인 의미로 알거니와 필자의 아는 만큼 보고자하는 염원을 알았는지 저 멀리 우크라이나 키에프에서 딸. 사위가 절묘한 부름을 한다. 막연하지만 신비하고 기대에 찬 달뜬 마음으로 그리하여 아내와 함께 호강 길에 오른다. 쳇 바퀴의 일상을 훌훌 털고 떠나는 것이다.

비행기 타는 시간만 13시간이고 터미널 대기 시간과 검색대를 빠져 나온 후 탑승 대기 시간을 합치면 17시간, 부산에서 서울역, 다시 인천공항까지를 합치면 거의 하루를 스케줄 시간과의 전쟁을 치루는 셈이 된다. 긴 비행시간 중 지루함을 달랠 수 있었던 것 은 두 번의 식사시간과 중간 음료를 마시고 앞좌석의 모니터를 통한 프로그램을 감상하는 것이었으나 좌석이 엔진이 달린 날개 부분이라 매우 시끄럽고 생각의 집중을 방해하는 아쉬움이 있는 정도였다.

우크라이나 시간 초저녁을 지날 쯤에 러시아를 거친 비행기는 키에프 공항에 도착한다. 환승대기 시간 때문이었는지 서울서 러시아를 오는 만큼 힘들지 않았다. 그러나 딸. 사위 손자들을 만날 들뜬 마음이 머리는 멍멍하고 뻐근한 귀때기로 상쇄 되어 아무 생각이 없다. 트랩을 내려 입국장으로 들어오니 인천공항에 비할 바는 아니다. 입국장이 협소하고 입국수속도 더뎌 피로를 가중 시킨다.

입국 수속을 마치고 화물을 찾았으나 덩달아 검색통과에 브레이크가 걸린다. 이유인즉 무게도 초과하고 음식물이 들어 있다는 것이다. 남감하고 어처구니가 없다 한국 공항을 통과할 때 무게에 문제가 없었고 어느 부모가 자식 집을 찾으며 몇 가지의 찬거리 장만을 안 하랴. 두 백에 추진 것은 얼려서 마른 것은 따로 봉지에 여러 겹을 싸서 각각 20kg 한도로 맞춘 노력이 물거품이 되려는가? 자식을 만나는 부모의 속사정과 심정까지 검색원이 헤아리지 못하는 것은 뻔한 사실이지만 여 검색원은 까탈스럽고 쉽게 해결될 기미가 보이지 않는다. 검색원은 막무가내로 마중 나왔을 지인이 있음을 눈치 챘는지 데려 오란다. 우리가 늦게 나오는 것을 염려하던 딸이 안쪽을 기웃거리다. 할머니를 발견한 손자 녀석이 연신 할머니를 불러댄다.

여행경험이 일천한지라 검색원에 때를 쓸 줄도 몰라 이내 사위를 불러 수습을 맡긴다. 사위와 검색원간의 왈가왈부 대화는 오가지만 유창한 사위의 영어와는 달리 검색원의 영어 실력은 어설프고 억지에 가까운 제스처만 반복 된다. 검색원 요구는 뒷돈이다. X레이에 나타난 음식물 모두를 폐기 처분 하겠다는 말이다. 이 나라의 행정 업무와 관련한 사회적 청렴 수준이 생각 건데 우리의 7~80년대 수준쯤으로 여겨진다. 그 생리를 눈치 챈 사위는 지갑을 열어 돈을 꺼낸다. 얼마를 쥐어 줬는지 알 수 없으나 이내 여 검색원은 아무 일이 없었다는 듯이 백을 들고 뒷문으로 나가란다.

가능한 한 건 수를 만들어 필요를 채우는 공항 실태가 선진 시스템으로 갈 길이 요원함을 느끼게 한다. 특히 외국 관광객을 표적삼아 뒷돈을 위해 문제는 만들고 해결은 뒷돈으로 귀착되는 우크라이나 공항의 첫 인상이 불쾌했지만 어쩔 수 없이 로비로 빠져 나온다.

마중 나온 딸과 손자들이 한꺼번에 달려 안긴다. 국내에 있을 땐 몇 달 못 보는 것은 예사였고 그래저래 안부 전화로 넘어 갔건만 이역만리 타국에서 보낸 시간이 그리 길지 않았건만 거리가 먼만큼의 오랜 날을 못 본 착각 속에 부둥켜안고 눈시울을 적신다. 물설고 낯선 땅의 고달팠던 삶의 무게를 부모 가슴에 안기며 풀어 위로 받고자하는 심정이었을 것이다.

사위는 40분 거리의 집까지를 쏜살같이 몰아 준비된 운전 실력을 뽐낸다 싶더니 어느새 대문과 차고 문이 동시에 열리고 있다. 자동 개패가 되는 집이다. 회사 주재원으로 발령 받고 회사의 여러 배려로 인해 이들의 생활 패턴은 상류층의 환경이다. 집은 정원에다 사우나 시설을 포함해 수영장도 갖추고 있는 저택이다 화장실도 세 개나 된다. 이곳에서 한 달을 보낸다는 안락함은 잠시 피곤함을 날려 버린다. 키에프 저녁 9시가 넘어가고 있는데 바깥이 훤하다. 위도 상 서북에 가까운 나라임을 실감한다.

주방 테이블에 앉으니 이들이 준비한 음식을 내어 놓는다. 동유럽국들이 자신 있게 만들 수 있는 전통 치즈에다 음료를 곁들인 상이 준비 된다. 이들이 별미라 권하지만 어느 정도 유럽 식단에 길들려진 저들이지만 우리는 턱도 없는 일이다. 속이 시끄럽고 밥맛이고 입맛이고 다 떨어진 기진맥진한 심신이 위로 받을 구석을 찾아야 할 판이다.

11시가 넘어가고 있다. 한국시간은 새벽4시경이다. 문제는 시차고 키에프 까지는 집을 떠나는 순간부터 시차가 따라온다. 생체 시계가 적응을 위해 혼란 속에 몸부림친다. 그기에 긴장과 여독이 쌓여있고 시차적응은 금방 해소되는 것이 아니니 며칠을 해매야 할지모를 일이다. 대화의 탄력이 떨어지고 무기력해 진다.

아내는 눈이 풀려 감겨 거의 실신 상태다. 딸이 지 어미를 처다 본다. 엄마~! 우짜노……. 여행이 그렇게 만만하고 즐거운 게 아니란 걸 알랑가 모르겠네…….

일본 엿보기

여행의 백미는 목적지를 찾아 현상의 의미를 발견했을 때 감동과 추억으로 아로새겨진다. 어느 곳을 가든 마찬가지로 미리 공부하고 정보를 얻고 떠난다면 여행의 즐거움은 배가 된다. 특히 국외로 발길을 옮긴다면 간 곳을 또 다시 가기는 쉽지 않으니 사전 준비는 말할 것도 없다. 아는 만큼 보이고 보이는 만큼 느낌과 감동이 다르기 때문이다.

목적한 것이 조물주의 기묘한 자연이라면 대소간 규모의 정도에 따라 감히 범접할 수 없는 천태만상을 만나 외소하고 보잘 것 없는 인간의 모습을 새삼 발견할 것이다. 그러나 한 나라의 정체성과 문화를 속속들이 알기란 쉽지 않다. 단 회성으로는 이해의 정도가 충분히 미치지 못한다. 한 나라의 문화와 국민성은 하루아침에 형성되고 동여진 것이 아니며 수백 년 혹은 수천 년을 지나면서 제 환경에 면면히 뿌리 내린 결집체이기 때문이다.

세계사적으로 가깝고도 먼 나라가 한둘이 아니겠으나 우리는 일본이라는 나라가 참으로 가깝고도 먼 나라로 치부 된다. 역사적 정치적으로 풀리지 않은 매듭이 아직 남아 있기도 하거니와 우익 정치인들의 오만 방자하고 몰염치한 입방정, 시도 때도 없는 나불거림을 들어야 하니까……. 그럼에도 마냥 미워할 수 없는 이유가 있으니 큰딸 가정이 일본의 중심인 도쿄에 사업을 벌려 놓고 영주권까지 얻어 살고 있다. 또한 잦은 지진 때문에 '폭탄 위의 삶'이라고 자조하고 있는 저 백성이 불쌍하고 망하기를 바랄 수 없는 까닭이다.

여행 중 여행은 그 나라의 산물이 모이고 거래 되며 생생하고 역동적인 삶의 현장인 시장을 둘러보는 것이다. 거기에는 다채로운 사는 모습이 보이고 전반적인 환경과 수준도 가늠할 수 있다.

도쿄 우에노 역에서 오카치마치 역까지의 가드 밑 약400m에 이르는 아메야요초코 시장을 들렀다. 400개 이상의 점포를 구성하고 있는데 2차 대전 중 미군부대의 물품을 빼돌려 내다 파는 암시장으로 시작 되었다 한다. 마치 부산 부평동 깡통 시장을 닮아있다. 부평 동 깡통시장은 1890년대부터 시작된 공설시장 제1호를 가진 긴 역사의 현장이다. 6.25 전쟁 때 피난민들이 미군부대에서 나오는 갖가지 물품과 캔 종류를 내다 팔면서 신기하고 독특한 물건이 많아 '도깨비시장'이라고 불리기도 했다. 1970~1980년대는 양주, 화장품, 전자제품들이 판매 되고 가끔 식 당국의 단속이 나오면 숨기고 도망가고 하는 생존투쟁이 살벌한 현장이었다.

아메야요코 시장도 전쟁의 소용돌이 속에 생겨난 삶터인 셈이다. 각양각색의 상품과 인파로 북새통이다. 해질녘에 들린 장터는 점포마다 밝힌 등과 호객 소리 그리고 점포 위로 내달리는 열차 소리에 귀가 먹먹하고 정신이 혼란스럽다. 열차 노선 교각 밑을 이용해 칸을 지어 들어선 점포는 좋은 아이디어라 생각이 된다. 어쩌면 몇 분 간격으로 지나가는 열차의 소음이 상술에 이용되는 아이러니가 신기하다. 상인들의 호객소리와 열차의 시멘트 교각 바닥을 무겁게 누르며 울리는 금속성 소음과 북적대는 인파와 밝은 조명이 꽤나 자연스레 분위기가 조화로운 광경이다. 한참 후 무엇을 싸서 나왔는지 시장을 빠져 나왔을 땐 정신이 반쯤 나갔다.

우리나라는 격변의 세월을 지나며 빠른 압축 성장을 통해 세계가 놀라는 괄목할 경제국이 되었다. 그 중에 입에 올리기도 싫은 낙제점을 면치 못하고 하 세월 후진 정치 발전은 제외하고 그렇다.

거리가 깨끗하면 그 나라는 선진국이다. 몇 해 전 중국 관광객이 한국 관광의 인상을 말하는데 거리가 무척 깨끗하다는 것이었다. 물론 자기 나라에 비해 그렇게 느꼈을 것이다. 사실이다. 나라가 발전하니 도시 환경 인프라가 요구 되고 그만치 재정이 뒤따르고 환경 미화원의 수고가 있기 때문이다. 일본을 둘러보니 대체적으로 거리가 깨끗했다. 몇몇 식당을 찾을 때나 상점을 들렸을 때 고객을 대하는 말씨가 부드럽고 상냥했다. 필자의 입장에선 간지럽고 적응이 안 되는 닭살이 돋을 지경이었다. 거기에다 깍듯이 고개를 숙이며 하이 하이~를 연발한다. 억지가 아닌 정착 된 문화다. 우리의 접객 문화와 차이가 있음을 느끼게 된다.

머무는 동안 일본 청년들의 성인식을 보게 되었는데 성년을 맞은 남녀 청춘들이 거리로 쏟아져 나온다. 갖가지 무늬와 채색의 기모노 차림의 소녀티가 남아있는 풋풋한 순박함이 거리의 풍경을 아름답게 수놓는다. 관광코스인 도쿄 근방 큰 절로 이어지는 300m 좁은 상 거리는 인산인해다. 밀려나오고 밀려가는 사람 몸살로 부대낀다. 겨울을 감안하고도 남자를 제외한 여자들의 옷차림은 너무 수수하고 오히려 칙칙하고 촌스럽기까지 하다. 도무지 컬러풀한 차림이 눈에 띄지 않는다. 젊으나 늙으나 별 차이가 없어 보인다. 나중에 알았지만 일본인의 의상 문화가 그렇다니 선진국이지만 허래 허식을 경계하고 검소하고 소박함이 일상인 것 같다.

딸과 아파트와 가까운 양판점에 들렸다. 딸은 무거운 것을 싣기 위해 자전거를 몰고 나왔고 마켓 입구 쪽 자전거 보관대에 세웠다. 아내와 나는 먼저 물품 대를 살피고 있을 쯤 딸은 이내 우리를 만나 상품과 가격을 저울질할 찰라 딸이 다급한 소리를 외친다. "앗! 내 지갑~" 자전거에 지갑을 두고 왔다는 것이다. 벌써 10분은 족히 지난 시간이다. 지갑은 이미 남의 손에 들어가고도 남는다. 황급히 뛰어나가는 딸을 보니 심장이 요동친다. 지갑에는 돈보다 각종 카드와 정보 목록들이 들어차 지갑 가죽이 미어질 정도로 부풀어 두툼하니 금방 눈에 뜨일게 뻔하다. 이미 상황은 되 돌일 수 없을 것이고 재빨리 신고하는 것이 상책일 것이다. 불안과 낭패감이 짓누른다. 우리는 출입구 쪽을 딸이 나타나기를 응시한다. 다만 한 손에 들린 지갑을 목격하기를 희망하면서…….
잠시 후 딸이 팔을 휘저으며 들어선다. 한손에 지갑이 들려 있다. 안심이고 참 다행이다. 딸의 말인즉 이 쪽 사람들은 남의 물건에 손을 안대는 문화가 정착 되어 있다며 그들 양심에 후한 점수를 날린다. 좀 더 알아보니 일본의 먼 역사 속에 표류했던 사람들이 남긴 책에서 "물건이 길에 떨어져 있으면 아무도 주어서 가지고 가지 않는 사람들"이라고 기록 되고 있다고 한다.

공항 검색대를 지나 여행 가방을 찾았을 땐 이미 가방 하나가 10cm 정도로 깨어져 있었다. 불쾌한 기분으로 빠져 나왔으나 배상을 받아야 한다는 생각에는 미치지 못했다. 그러나 사위는 집에 도착하자마자 즉시 공항으로 연락을 취해 배상절차를 마무리한다. 빠른 순발력이 돋보였다. 사위 말인즉 일본인들은 남에게 피해를 끼치지 말라는 교육을 일찍부터 받은 영향으로 잘 못된 부분은 끝까지 책임을 지는 문화라고 일러준다. 듣고 보니 한편 긍정적이나 파렴치하고 후안무치 우익 정치꾼들은 그렇지 못하니 어릴 때부터 교육을 받지 못했는지……. 돌연변이 후손들인지……. 겉 다르고 속 다른 족속들을 언제까지 옆댕이에서 지켜봐야하는지 모르겠다.

라브라 수도원

아침햇살을 받은 드네프르 강 잔물결 위로 미끄러지듯 그러나 잠잠히 지나는 수송선이 보인다. 크기가 작은 다양한 배들은 큰 배 옆으로 지나고 빠져 나오며 제 길을 재촉하며 물갈래를 남긴다. 강가의 아름드리 짙푸른 숲은 정기를 내품고 강 아래 위의 줄기를 따라 길게 끝 모르게 이어진다. 도시의 풍요를 약속하는 표징처럼 녹색의 향연이다. 키에프 도시 군데군데 큰 키의 수목들은 보는 이로 하여금 안정과 휴식의 공간으로 자리하고 싱그럽고 상쾌한 환경은 한국의 도시에 비할 바가 아니다. 땅이 커서 그런지 부럽기 짝이 없다.

드네프르 강은 우크라이나 수도 키에프를 흐르니 서울에

한강 정도의 위상을 가지나 그 크기와 용도가 한강에 비해 사뭇 다르다. 유럽의 강들은 지형적인 이유로 대개 이웃 나라를 거쳐 발원하여 흐른다. 따라서 드네프르 강도 러시아 서쪽 발다이 구릉에서 시작하여 남쪽으로 흘러 벨라루스와 우크라이나 키에프를 지나 흑해로 들어간다. 유럽에서 세 번째로 긴 강으로 수상 교통의 중요한 역할을 할뿐 아니라 많은 곳의 수력 발전소를 가지고 있으며 그 길이가 2,290Km나 된다.

딸은 이미 어미 아비의 몫처럼 여행을 위한 코스를 계획해 놓고 매일 자고 날 때마다 "오늘은 어디로 갈레요…… ?" 물으나 마나한 겉대답을 요구한다. 그리고 어디 어디가 어떻고……. 키에프 관광 명소를 말하지만 특정 이름을 말할 때 그 때뿐이고 돌아서면 잊어버린다. '라브라' 수도원을 가기 위해 딸이 되 뇌인 것을 필자가 익힌 이름은 노브라 이다. 매우 불경스런 발상이다. 나름 기억을 위한 연상 법이었지만 딸과 아내로부터 핀잔을 면할 수가 없다. 드네프르 강 언덕에 자리한 키에프 라브라 동굴 수도원은 자연 환경과 절묘한 조화를 이루며 비장미를 나타내고 있다.

키에프에는 11세기에 비잔틴 양식으로 지어졌다가 17세기

우크라이나 바로크 양식으로 지어진 소피아 성당을 비롯한 안드레이 성당 등 역사와 문화적 가치를 유네스코로부터 인정받은 몇몇 성당들이 있다. 라브라 수도원도 1990년에 세계문화유산으로 지정됐다.

필자의 관심은 라브라 대 수도원에 끌려간다. 이 수도원은 1051년 동굴에서 수도생활을 하던 '안토니오 테오도시우스' 수도사가 동굴 위에 사원을 세우면서 시작 되었고 그 후 900년에 걸쳐 여러 교회와 수도 생활에 필요한 건축물이 세워져 라브라(대 수도원)이라는 이름을 받았다고 하며 그들은 생계를 위해 도시 근처 소도시에 흩어져 살며 낮에는 돗자리를 깔고 적은 음식으로 밧줄과 바구니를 만들었고 토요일에 모여 성전예배를 드리고 일요일에는 동굴로 돌아갔다 한다.

수도사들은 목숨을 부지하기 위한 최소한의 음식과 의복을 필요로 했으며 인간 한계의 절제와 금욕으로 말미암아 영양결핍과 여러 질병으로 고통하며 극기의 신앙으로 감당하고 생을 마감한 자들이다. 동굴 내에는 수도생활을 하던 수도자들이 잠들어 있다. 동굴 내부의 온도와 습도로 인해 죽었지만 썩지 않고 미라가 되어 100여구 이상 모셔져 오늘날 많은 관객으로 하여금 감동을 주고 있다.

“이 사람들은 다 믿음을 따라 죽었으며 약속을 받지 못하였으되 그것들을 멀리서 보고 환영하며 또 땅에서는 외국인과 나그네임을 증언하였으니” 히11:13

라브라 수도원의 백미는 수도사들이 잠들어 있는 동굴내부를 살펴보는 것이다. 7월의 휴가철이라 많은 무리들이 북적이고 관람 차례를 기다린다. 가이드의 안내를 받아야 들어갈 수 있고 15명 내외의 인원에 한 사람의 가이드가 인도하는데 우리조의 가이드는 러시아어를 쓰는 신부다. 10분 거리의 동굴 입구까지 가는 동안 입에 거품을 물고 열심히 해설을 하나 한 마디도 알아들을 수 없는 불통이 후덥지근한 날씨만큼이나 답답하다. 입구에 들어서니 어두운 내부를 밝힐 촛대를 하나씩 나눠준다. 손바닥을 하늘로 하고 중지 사이에 촛대를 끼워 불을 밝히고 좁은 통로를 앞 사람과 부딪치지 않게 조심히 기도하는 맘으로 따른다.

미라가 된 수도사들은 관에 봉해져 공간 틈틈이 길목을 따라 안치 되어있다. 관객 중 일부는 관에 입을 맞추며 가톨릭 의식을 표한다. 몇몇 관은 미라의 일부를 노출 시켜 실감을 자아낸다. 손목과 손가락을 내어 놓았다. 파격적이다. 그러나 섬뜩함이 아닌 숭고한 자취요 신앙의 결정체며 믿음이 쇠태 한 현대인의 향한 침묵의 경고를 하는 듯하다. 중세의 수도사들의 신앙과 현세의 믿음행위에는 어떤 형질 변화가 있는 것인가? 물론 고대, 중세를 거치면서 금욕주의 철학을 바탕 한 이념에서 출발한 영성주의자들의 극단적인 신앙 체계지만 시대와 문화가 바뀐 작금의 신앙세계를 결부할 수는 없음이다.

필자는 개척교회를 섬기는 목사로서 앞서간 믿음의 선진 앞에 자괴지심으로 서있다. 믿음 지키다, 섬기다, 기도하다, 잠들듯이 돌아갈 수 있을까…….

"너희 믿음의 확실함은 불로 연단하여도 없어질 금보다 더 귀하여 예수 그리스도께서 나타나실 때에 칭찬과 존귀를 얻게 할 것이니라" **벧전1:7**

금전수와 사위

대개 별러서 농원이나 꽃가게에서 사온 화초들이 얼마를 못 넘기고 비실거리다 죽게 된다. 꽃이 각양각색 형형색색 아름다워 가까이는 하지만 이내 화분만 덩그러니 남기고 사라지는 이유는 뭘까……? 아무리 심신 파탄 자와 인격 장애자라 할지라도 꽃 앞에선 순전해질 것이다. 꽃은 자연이 주는 인간을 위해 존재하는 가장 아름다운 선물이다.

김춘수 시인의 '꽃'에 "…… 내가 그의 이름을 불러 주었을 때 그는 나에게로 와서 꽃이 되었다"란 의미는 무엇일까? 기식하는 모든 것에 대한 애정과 관심과 정성을 말할 것이다. 꽃을 좋아한다고 모두 꽃을 잘 키울 수는 없다. 필자도 꽃을 좋아하지만 키우는 소질은 별로다. 꽃을 좋아하는 만큼 키우는 방법과 관심이 못 미치는 것이 답이 될 수 있겠다.

살면서 이런저런 이유로 이사를 하게 되면 마지막 짐 속에 얹어 걸쳐 실려 오는 것이 화초들이다. 때로는 걸리는 존재가 되어 처분의 대상이 되기도 한다. 사람에 따라 다르겠지만 좋을 때만 좋아하는 인간의 이중적인 심성을 엿 볼 수도 있다. 집의 구조적 환경은 화초로 하여금 큰 시련에 노출되기도 하는데 특히 혹독한 겨울을 지나는 때는 자칫 수명을 다하고 화분만 남긴다.

결혼 전에 큰딸이 천신만고 끝에 교제 허락을 받고 얼마를 지나면서 운신이 편해지고 놈 씨의 출입이 자유로워지더니 한 날 선물조로 들고 온 화초가 한참 뒤에 사 알고 보니 그 이름이 부자나무였다. 학명은 금전수다. 동남아 지역이 원산지인데 특히 중국에서는 귀하게 취급 되고 가정과 사업의 번창을 기원하며 금전이 풍성하게 된다고 믿고 선물하는 수종이란다.

인생은 누구에게나 예고 없이 부지불식간에 닥치는 것이

있는데 크든 작든 그것은 재난이란 이름으로 삶의 중심에 똬리를 틀며 점박이를 한다. 의지와 상관없이 맞아야 하는 상황 앞에 절망하기도 하고 또한 시련을 묵묵히 받아들이며 감내하고 극복하며 반전의 삶을 세워가는 경우도 있다. 인생은 몇 고비냐고 묻는다면 마치 등산과 같은 것이라 할 것이다. 목표한 고지의 정복은 된비알을 오를 때 가빠지고 턱 밑에 차오르는 숨을 몰아쉬어야 할 것이고 내리막은 한 숨 돌리며 여유를 가질 것이나 이내 오르막을 만나고 올라야만 하는 것이니 인생여정이 이와 같음을 경험칙으로 다 알고 있다.

일본의 큰딸의 다급한 전화인즉 집에 불이 났다는 것이다. 건질 것이 없이 소실되었다 한다. 청천벽력이다. 우째 이런 일이……! 불이 나면 터전이 사라지고 한 순간에 거지신세가 되고 절망의 시간을 보내야 한다. 이 가정이 일본에 들어간지 10년 동안 동경의 치열한 삶터에서 어렵사리 보금자리를 꾸렸고 사업의 깃대를 세우느라 혼신을 다하고 있었음을 안다. 주일(일요일) 오전 예배를 마치고 돌아오니 소방차가 와 있고 화재진압을 마친 상태다. 불탄 재위로 수증기만 모락모락 피어오르고 있다. 망연자실한 식구들은 넋 나간 꼴로 불탄 집을 쳐다보고 있다. 유구무언이라 아무리 생각해도 황당한 일임은 틀림없다. 소방서의 화제감식 결과 공기청정기의 배선에 의한 것임이 밝혀졌다. 어느 곳이든 대 저택이 아닌 일반주택가는 옆집과의 간격이 그리 넓지 않다. 특히 일본의 주택가는 주된 목조건물이고 몇 뼘의 간격임에도 불이 옆집으로 번지지 않았고 딸집만 오롯이 타버렸다. 불 행 중 다행인 셈이다. 물론 바람이 일지 않았을 것으로 짐작이 되지만 이것은 기적이라 할 수 밖에 없는 상황이다. 사 후 수습으로 얼마의 보상금은 손에 쥐었으나 생활환경의 리듬과 규모를 잡아가기는 턱없는 실정이다. 신앙의 가정이고 특히 주일 예배를 마치고 돌아와 목격하는 상황은 실로 어처구니가 없다. 어쩌면 하나님을 원망했을 것이나 딸, 사위의 말인즉 머리가 하얗게 텅 비고 멍하니 쳐다본다. 눈에 보이고 만져져야 할 것들이 사라진 현실 앞에 서있지만 덤덤히 받아들이고 순응하고, 원망의 맘은 들지 않았노라고…….

눈앞에 벌어진 상황에 발을 동당거리며 곡소리가 나와야 제 정신의 사람이 아닌가? 그럼에도 당하고 대처하는 이들의 상황 인식은 이해할 수가 없다. 다만 신앙의 힘이라면 목사인 아비는 쌍수 들어 믿음을 박수할 것이다. 인생의 재난은 그 누구도 피해 살 수 없다. 다만 어떻게 받아들이고 삶의 분기점으로 삼느냐의 것이다.

큰사위가 들고 온 금전 수는 수차례의 이사를 따라 다니며 겨우 명맥만 유지하던 차에 몇 년 전 혹한을 이겨내지 못하고 위 잎사귀부터 시들하더니 말라 갈색 자태로 죽었다. 십여 년 동안 근근이 초록 잎을 유지하더니 잘 못 만난 무심한 주인 탓에 입춘을 앞두고 떨어지는 갈색으로 비틀어진 줄기만이 화분을 지탱하고 있다. 봄이 왔지만 분갈이도 할 이유가 없으니 베란다 밖 한쪽 구석에 방치된 채 화분 정리할 날을 위해 놓여 있었다. 그런데 이건 무슨 조화일까 5월 중순 우연히 보게 된 밀 쳐 놓은 화분에서 금전수의 새싹이 살포시 고개를 내밀고 있지 않는가. 질긴 금전수의 생명력인가? 놀랍고도 미안한 감정이 겹친다. 곰곰이 생각하니 사위가 화재로 인한 곤고한 삶이 시작 될 때 그가 선물한 금전수도 이미 같이 죽었다. 실은 죽지 않고 생명의 움틈을 준비하고 있었고 때를 맞추어 금전수가 세 갈레의 잎을 내고 줄기를 세우니 싱싱한 초록 잎이 바람결에 자랑스럽게 흔들린다.

사위는 심기일전 용기백배로 들고 일어나 3년 전의 암울

했던 형편을 180도 반전의 형편으로 복을 받는다. 그것은 굴기의 의지가 있음이고 무엇보다 신앙의 힘이 기적을 일으킨 것이라 믿어 의심치 않는다. 우연의 일치일까? 아니 믿는 자의 세계관에서는 모든 것이 필연이다. 13년 전의 사위가 선물한 금전수와 13년의 사위의 형편이, 절묘한 필연으로 기적처럼 오버랩 된다.

> "다만 이뿐 아니라 우리가 환란 중에도 즐거워하나니 이는 환난은 인내를, 인내는 연단을, 연단은 소망을 이루는 줄 앎이 로다"
>
> **롬5:3-4**

추억의 욕탕

어릴 때의 여러 경험들은 기억 속에 추억으로 살아 숨 쉰다. 삶의 무게와 깊이가 연륜이 오랠수록 저 먼 날의 추억은 더 애절하고 간절하다. 필자는 일제 강점기 후로 존치하던 여러 왜색 근대문화를 아주 어릴 때부터 접하며 성장했다. 가령 선친의 직장이던 우체국에 어머니의 심부름을 가면 건물내부를 모두 둘러보게 되고 숙직실에서 아버지를 기다리며 다다미방을 서성이던 것부터 화장실의 변기뚜껑 등 일본 전통양식의 오밀조밀한 건물을 기억하고 있다. 해운대 토박이로 성장하며 보았던 온천으로 유명한 그 때의 건물은 사진관을 비롯해서 여러 이삼층은 대부분 목조의 일본식 건물이었다.

욕탕의 물바가지는 태를 두른 나무통이었고 어릴 때는 무겁고 들기가 버거웠다. 수십 년 동안 세상이 많이 달라지고 바뀌면서 왜색의 잔재들이 청산되고 건물 또한 개발의 바람을 피하지 못하고 그의 사라졌다. 그런데 결혼하던 그날은 한 겨울이 아님에도 유난히 샛바람이 불어 엄청 추운 날이었고 신혼여행으로 찾은 곳에서 뜻밖의 일본식 온천탕을 만났다. 욕실의 판자바닥의 통로는 어릴 때 밟으면 찌익 소리 나는 판자 나무 바닥임에 틀림없다. 욕탕은 둥근 나무통으로 편한 분위기를 연출하고 있다. 욕탕의 물바가지는 나무통이다. 모락모락 피어오르는 증기의 따뜻한 목조 탕 속으로 들어간다. 아련하고 묘한 감정과 추억들이 함께 탕 속에 녹아내린다.

큰딸. 사위는 일본에 정착한 듯 10년이 넘게 터전을 이루고 영주권을 받아 살며 나올 생각이 있는지 모르겠다. 이들의 초청으로 동경을 찾았다. 일본 신흥 부촌 타워빌딩에 살며 사는 모습을 보여준다. 때늦은 초청을 상쇄 하려는 의도가 있음을 안다. 고생 끝에 낙이라는 평범한 진리가 실현되고 또한 인정받기 위한 세월이 있었음을 이해한다.

첫날밤을 56층 게스트 하우스에서 묵게 배려하니 순순히 따르기로 했다. 높은 층의 어지럼도 잠시 커튼 밖으로 펼쳐지는 동경시내의 야경은 가관이다. 180도 각으로 펼쳐지는 파노라마 빛의 향연은 거의 환상적이다. 한 밤을 어떻게 보냈는지 어리둥절하고 이곳에 머무는 순간이 분에 넘치는 호사이기 때문인가 정서에 한참 어긋난 시간들이다. 편치 않은 맘을 어쩌랴…….

저들의 계획에 따라 온천여행길에 오른다. 아무래도 일본여행의 백미는 온천이고 정원을 보는 것이리라. 정초의 성수기라 발 빠른 사위가 미리 예약해 놓은 나가노로 떠난다. 사전을 빌리면 '나가노는 고도가 790m 이고 대부분 화산작용으로 생겨난 높이가 3천 미터 이상의 봉우리가 15개나 있어 일본의 지붕이라 불리는 곳이다' 대개 겨울 온천여행은 눈을 맞거나 눈 덮인 산야를 보게 되는데 가는 날이 장날이라고 올해는 이 높은 나가노에 눈이 없다. 강한 엘리뇨 현상으로 세계 곳곳에 기상이변이 일어나고 이곳 역시 그 영향을 비껴갈 수는 없는 모양이다. 도쿄에서 나가노는 꽤 먼 거리지만 다행이랄지 눈길이 아니라서 오히려 수월히 호텔에 도착한다.

일본 전통숙박 시설인 료칸에 들어서니 먼저 다다미방이 반긴다. 벽을 둘러있는 대부분의 목재는 '스프러스'다 촘촘하고 섬세한 줄무늬와 밝은 색감이 기분을 편하게 한다. 스프러스 목재는 모든 침엽수 중에 가장 가볍고 소나무 보다 송진이 적어 냄새도 없고 부드럽다. 필자의 아파트는 방문을 비롯해 창문과 장식장은 스프러스 목재 프린트로 코팅한 꼴을 하고 있다. 합성수지 코팅이라 물론 스프러스의 질감도 없고 무미건조한 민 낯 뿐이다. 스프러스의 좁은 줄 칸은 투명하여 현악기 앞판과 피아노 사운드보드로 널리 쓰인다. 현악기와 피아노를 가까이 하는 필자는 특히 좋아하는 나무다.

료칸 방의 군데군데 붙어있는 스프러스 판을 두드리며 특별한 느낌에 젖는다. 다다미방 한 가운데에 놓인 아담한 탁자에는 예쁘고 정갈한 다과가 놓여있다. 기모노 차림의 여종업원은 무릎을 꿇고 앉아 연신 고개를 숙이며 안내를 해댄다. 말은 알아듣지 못하지만 눈치로 감을 잡는다. 바깥출입을 위해선 금방 유카타를 갈아 입어야했다. 난생 처음 입어보는 유카타는 쑥스럽고 이상하지만 아내는 당신에게 어울린다니 그나마 견딜 이유가 되고 료칸에 왔으니 전통의상은 입어야 한다. 소매가 넓고 솔기가 바로 들어오고 긴 허리끈으로 한 바퀴 돌려 질끈 묶으니 괜찮은 모양새가 된다.

솔직히 나는 일본이 싫다. 깊은 역사적 감정이 있기도 하지만 지금까지도 시도 때도 없이 망언을 내뱉는 극우 보수 정치인들을 보노라면 정나미가 떨어지고 후안무치 구역질이 나며 밥맛이 떨어진다. 그러나 한 나라의 고유문화를 인정하고 이해하며 경험하는 것은 정치적이지 않음이다.

욕탕에 피어오르는 유황냄새가 그슬리지만 양질의 온천수는 피로를 충분히 풀게 한다. 미리 예약한대로 저녁식사는 시간을 맞춰 코스 요리로 나왔다. 겉보기에 일본인들의 문화가 드러나는 오밀조밀 정갈하게 세팅 된 요리들이 상에 오르지만 입맛에 딱 떨어지는 요리는 별로 없다. 대체로 느끼하고 특히 간장 국물은 짜다. 저녁식사를 마치고 돌아온 방은 탁자가 한쪽으로 치워져있고 일본식 요를 가지런히 깔아 놓았다. 한국에서 볼 수 없는 기분 좋은 서비스다. 베란다 앞쪽에는 따로 정원과 조화를 이루는 소담한 욕탕이 있고 뚜껑을 덮은 사이로 수증기가 비껴 나오고 있다. 축소 지향적 아기자기한 일본인의 특성이 엿보이는 풍경이다.

아침에 일어나자 둘만의 탕에 몸을 담근다. 로맨틱한 분위기를 연출한다. 이쯤이면 신혼부부들에 잘 어울리는 환경이다. 한 겨울을 지나고 있지만 춥지 않고 눈이 내리지 않으니 허전하고 실망스런 분위기다. 야외욕은 눈을 맞으며 즐기는 것이 진수인데 아쉬움이 남는 여행이 되고 만다.

이튿날은 일본의 관광객이 가장 많이 찾는다는 하코네 온천을 찾았다. 도쿄에서 비교적 가깝고 천혜의 대자연을 느낄 수 있는 곳이다. 시내를 벗어나 외곽으로 얼마를 달리지 않아 일본의 상징인 후지 산이 모습을 들어 낸 다. 우리의 백두산보다 천 미터나 더 높은 산이다. 차창 밖으로 보이는 설봉 아래로 흘러내린 골짜기의 위용이 장엄하고 경이롭다. 우측 창가로 따라오던 후지 산이 말없이 자취를 감추고 곧장 하코네 온천에 도착한다. 입구에서 약200 미터에 이르는 가계는 관광객을 위한 갖가지 상품들이 즐비하다. 지역 특상품은 식품부터 공예품을 망라하여 가계마다 분주하다. 혼잡한 것 같으나 일본인의 차분하고 여유 있는 공중질서를 보게 된다.

입구를 걸어 나온 후 산길로 접어든 차는 된소리를 내며 고개 마루를 오른다. 깊은 산골짝 좌우에 들어앉은 전통 목조 온천 건물은 검회색을 띄고 역사를 증거 하는 자태로 내려다보고 있다. 큰 나무 숲이 어렴풋이 가려 신비감을 더하며 아늑한 추억의 세상으로 끌어들이는 마법 같은 착각을 일으킨다. 아~ 저 곳에 머물고 싶다는 순간 사위가 모는 차는 무심하게 내달리며 환상을 깨어 버린다.

자연과 너무나 절묘하게 자리하고 있는 목조 건물들은 필자로 하여금 추억의 심연을 헤집고 설렘을 극치로 이끈다. 꿈속에서나 봄직한 아니면 영화의 한 장면 같은 그 곳에 가서 머물고 싶다. 추억의 욕탕이 하코네의 산중에 있었다.

우크라이나 서쪽 르비브

저녁 식탁에서 사위는 그 곳은 가기가 어렵겠다는 말을 던진다. 너무 먼 거리를 가야하고 우크라이나 교통경찰과 열악한 도로 표지판 등 운행 중에 일어나는 이해 못할 행태 등을 고발하는 듯, 필자가 오기 전 그들이 그 곳을 다녀왔지만 불쾌했던 경험을 미루어 하는 말이다. 그러나 여행을 위해 한 몸 던진 마당에 가능한 한 모험과 의지를 시험해 봄도 괜찮을 것 같다는 생각에 결단과 망설임이 맘을 뒤흔든다. 이미 여행지에서 사용할 목적으로 국제 운전 면허증을 소지한 상태라 사위의 우려와 생각과 상관없이 결행하기에 이른다. 사위는 한국으로 출장 스케줄이 잡혀 스스로 부모를 모시지 못

함에 대한 아쉬움과 염려가 있었던 것이다.

우크라이나는 국토 대부분이 대평원으로 끝없는 지평선이 마치 저 바다 끝의 수평선으로 착각을 일으킨다. 지구상에서 가장 이상적인 토양을 가지고 있다. 저 먼 옛날부터 초목들의 잔해물이 썩어 유기물이 쌓인 검은색 흙이다. 따라서 밭작물 농사가 잘 되어 곡창지대의 나라다. 키에프 공항에 내리기 전 비행기에서 내려다 본 풍경은 과히 곡창지대임을 실감할 수 있다. 대평원에 각을 제어 구획된 밭은 갖은 작물들로 물결을 이루고 풍요를 춤춘다. 눈에 띄는 해바라기 밭의 노란 색채는 눈 부시는 광경이다.

내일 목적지 출발을 위해 잠을 청하지만 쉬이 잠들지 않는 밤이다. 노루잠을 자고 나니 눈알이 뻐근하고 머리가 무겁다. 낯선 길을 가야하고 무려 6시간가량을 달려야 하는 부담이 어깨를 누른다. 부담이 백배다. 아침 일찍 출발을 준비하지만 활기가 떨어지고 여러 상황을 점쳐 걱정이 앞선다. 가족이 있고 무사히 반드시 목적지에 도착해야 하는 사명감으로 인해 정신을 차리지 않을 수 없다. 운전경력이 수 십 년인들 낯선 상황 앞에 무슨 고수가 있으랴……. 식구들의 염려를 의식해 내색 않고 가급적 자신감 있게 운전석에 오른다.

조수석엔 아내 대신 아예 딸이 자리하고 네비게이션 보조 역할을 하겠단다.

목적지 그곳은 저 유명한 우크라이나 서부 도시 '르비브'다. 일명 '사자의 도시'라 부르기도 한다. 이 지역을 다스렸던 왕의 아들 '레프'이름이 사자란 말이고 건축물에 사자상이 많은 이유다. 키에프에서 르비브 까지 완행열차로는 10시간이고 고속열차는 5시간이다. 필자는 5~6시간을 달려야한다. 낯설고 먼 길을 달릴 때 가장 문제가 되는 것이 중간에 차가 퍼더버리는 것인데 일단 그런 염려는 없다. 딸의 차는 1년이 안 된 SUV 새 차다. 성능과 고장 우려는 없다. 문제는 운전자인 필자다. 안전하게 무사히 도착해야 하고 다시 돌아오는 길도 마찬가지다.

거북등 같은 키에프 시내 도로를 벗어난 차는 비교적 잘 딱은 고속도로에 오른다. 대평원의 직선 주로가 끝이 안 보인다. 곡선 주로와 좌우회전의 경우를 만나기 어렵다. 지루하고 따분하다. 그럼에도 긴 시간을 달릴만한 이유는 도로 좌우로 펼쳐진 평원의 가슴 터는 광활함과 우거진 큰 키 나무들이 열렬히 반기며 박수하는 인파처럼 다가오는 느낌 때문이다.

딸은 노심초사 도로 상황을 살피며 아비의 의식을 깨운다. 다행히 도로 순찰차에 걸리지 않고 두어 차례 엔진을 식히고 6시간쯤 달린 끝에 르비브에 도착한다. 르비브는 우크라이나 이름이고 러시아는 르보프, 폴란드는 르브푸라 부르고 독일은 렘베르크라 부른다. 그리고 라틴어로는 레오폴리스이다. 이처럼 각 나라의 이름을 가지는 것은 르비브를 점령했던 주인이 바뀌었다는 것이고 또한 그 시대를 나타내는 건축양식들이 산재해 있음을 볼 수 있다.

이튿 날부터 본격적인 도시 탐색에 나서 종일 바깥세상에서 걷다 앉다를 반복한다. 르비브 구도심은 전체가 세계문화유산으로 지정되어있다. 고대. 근대를 거치는 동안 도시 건축양식은 한 건물마다 그냥 지날 수 없는 의미와 사고를 부여한다. 실로 아름다운 도시다. 이곳이 유럽이라는 확신이 든다. 도시 중심엔 전통 옷을 입고 꽃 대신 사탕을 파는 아가씨들과 로마 군인 복장에 칼과 창을 든 청년도 보인다. 모두 기념사진 촬영에 응하기 위한 상술이긴 하지만 도시 풍경과는 너무 잘 어울린다. 중세 영화 세트장 같은 마력에 빠져 들게 한다. 이 아름다운 도시가 2차 대전 독일군의 폭격 속에서도 파괴 되지 않고 고스란히 보존될 수 있었던 것은 독일군

위성 사령부가 이곳에 세워졌기 때문이란다.

며칠을 묵는 곳은 근대 건축물을 보존하며 최소한의 편의 시설을 갖춘 리조트다. 현대 구조물의 거기서 거기인 무미건조한 시멘트의 가볍고 날렵하고 세련된 조형물에서 느낄 수 없는 조금은 투박하고 불편한 시설이지만 중후하고 집안으로 드는 순간 푸근한 안식을 주는 생전에 느껴보지 못한 묘한 감동이 이어 진다. 르비브는 러시아 보다 인근 루마니아와 폴란드의 영향을 받은 도시로 키에프 와는 또 다른 분위기와 매력을 발산한다.

7월의 휴가철이라 그런지 관광객으로 보이는 무리들이 한때 두 때씩 몰려다니고 언어도 뒤섞여 공중에 날린다. 그러나 이방인 중에 아시아인은 눈을 닦고 봐도 안 보인다. 필자와 동행 식구들은 마치 희귀종 동물인양 가며오며 많은 눈총을 받는다.

도시의 아름다운을 더하는 것 중의 하나가 노면 전차다. 노면 전차는 유럽을 비롯해 세계 약50개국 400개 도시에서 운행 중이다. 키에프 보다 르비브 구 시가지를 좌우 질러 달리는 노면 전차가 더 도시와 절묘한 조화를 연출한다. 노천카페에 앉은 손님들의 자유스런 풍경은 서유럽의 그것과 똑 같다. 한쪽 구석진 곳에 젊은이들이 차례대로 앞으로 나서며 비보이 춤을 추고, 앞쪽 광장에 자리한 한 청년은 엠프에 연결된 기타와 마이크로 듣든 말든 고래고래 소음성 노래를 불러댄다. 카페 한쪽 귀퉁이에는 바이올린 통을 열어 놓고 푼돈을 모으며 반주에 맞춰 연주에 열중하는 여인의 모습이 유럽은 동서를 막론하고 한 문화의 흐름을 가지고 있음을 확인시켜 준다. 피로가 쌓이지만 르비브의 아름다움에 모든 것이 상쇄 된다. 키에프 돌아오는 길은 한 번 지나온 길이라 낯익고 지루함이 덜하다. 문제없이 대 장정의 코스를 마친다. 나는 우크라이나 서쪽 르비브에서 유럽을 보았고 또 누가 불러주면 한쪽 가랑이에 두 다리 넣고 쫓아 갈 생각이 있다. 평생 기억에 남을 아름다운 곳이여…….

부다페스트의 시민

경우 하나, 새벽벽두에 집을 나와 키에프 공항에서 아침 이른 시간에 탄 비행기는 헝가리 도착이 얼마 걸리지 않았다. 숙소 체크인 시간이 어중간하여 요기라도 할 겸 근세 건물이 즐비한 시내 한 카페를 찾아 앉았다. 중세를 이은 근대 건축물들은 대체로 벽돌로 쌓아올린 두껍고 투박하지만 천정이 높아 공간의 여유를 느낄 수 있는 구조다. 얼마의 시간이 흐른다. 등에 땀이 흘러 더위가 물씬거리며 온 몸을 적신다. 오전 이른 시간이라 카페에 들어가 앉을 때는 느끼지 못한 더위로 깊은 의자에 몸을 맡길 수 없을 지경이다. 때가 7월 중순이니 여름의 한 가운데를 지나고 있다. 짜증스런 눈길을 돌리나 어느 한 구석에도 냉방 시설이 없다. 그렇다고 큰 창문이 여럿 있어 외부 바람을 소통 시킬만한 구조도 아니다. 연신 땀을 훔쳐내는 필자와는 달리 카페에 앉은 손님과 종업원은 실내의 더운 온도에 미동도 없다. 이 사람들은 땀이 안 나는 체질인가? 더위를 안타는 건가? 아니면 환경에 길들여진 것일까……?

경우 둘, 오늘도 딸이 계획하고 하고 있는 방문 스케줄을 따라 분주히 움직이니 꽁무니를 안 놓치기 위해 착실히 따라 붙는다. 부다페스트는 온천으로 유명한 도시로 100여개가 있고 여행객들의 방문 필수 코스가 된지 오래다. 유럽 최대 규모인 '세체니' 대중 온천을 가기 위해 시내 중심 역에서 지하철 1호선을 타기로 하고 티켓을 어렵사리 끊어 깊은 지하로 내려가 출구에 선다. 반드시 서있고 여행객에 엄격히 대하는 검표요원을 만나고 통과하니 또 지하로 깊숙이 내려가는 에스컬레이터에 발을 올려놓는다.

역 구내가 좁고 매캐한 공기가 확 안겨든다. 잠시 후 노란색을 한 열치가 들어온다. 덜컹거리는 소리가 요란하더니 문이 열리고 승객을 후딱 태운 열차는 무심히 출발한다. 급출

발인지 울렁임이 심하고 바퀴와 레일의 부딪치는 금속성 소리는 앙칼지고 시끄럽다. 열차의 길이가 네 칸 남짓하고 짧고 실내가 좁다. 의자 배치와 자석은 대체로 낡고 지저분하다. 냅다 달리는 터널 안은 어둡고 오래된 탄광 터널 같은 느낌이다. 와중에 비지땀이 흐르건만 객실에 냉방 시설이 없다. 시끄럽고 실내를 메운 매연을 마시는 힘든 이유가 있었으니 열차에 창문이 열려 있다는 사실이다. 열차 위쪽 작은 창문을 열어 놓고 달리는 생짜 베기 지하철이다. 터널안의 오염된 공기가 객실로 그대로 들어오니 숨이 막힌다. 악명 높은 뉴욕 지하철이 낡았다지만 부다페스트 지하철 1호선만 할까 싶다. 그른데 숨막혀하는 필자와 상관없이 승객들의 표정에는 변화가 없다. 매연으로 입을 열기 버겁지만 승객들은 자연스럽게 말하고 개의치 않는다. 필자가 유난을 떠는 꼴이 된다. 예닐곱 역을 지나서 바깥세상 공기를 마시면서 열차 뒤통수를 향해 욕을 날린다. “세상에 머리털 나고 이런 지하철은 처음이다” 지하철을 타고 내리면서 헝가리의 후진성을 말하고 있다.

경우 하나와 둘에 대한 이해, 여행은 목적지에 따라 느끼는 감동이 천차만별일 것이다. 따라서 유럽을 둘러본다면 아무래도 고 도시가 포인트가 될 성싶다. 필자의 생각에 유럽 여행의 백미는 고 도시를 경험하는 것이다. 수많은 격랑과 풍상의 세월을 간직하고 굳건한 자태를 유지하고 있는 퇴색된 흔적들, 아로새겨진 역사의 증거들이 유럽뿐이겠냐 만, 중. 근세 건물과 조형물은 현대를 살아가는 사람들을 향해 무수한 역사를 증언하며 진한 메시지를 던진다. 필자는 7월 더위 동안 고 도시를 들락거리면서 발견한 한 가지가 있다면 냉방시설이 없다는 것이다. 레스토랑이나 카페 그리고 기념품을 파는 소규모 매장이든 그 어디도 에어컨이 없었다. 생각하건데 에어컨을 설치하자면 건물의 두꺼운 벽을 뚫어야 하고 에어컨 실외기를 달아내야 하고 실외기와 연결 된 냉각수의 호스를 외벽으로 돌출 시켜야하니 건물이 손상될 수밖에 없다. 또한 나란히 붙어있는 건물 구조상 현대 문명의 이기가 발 부칠 틈이 없어야 마땅한지 모른다. 필자의 비지땀을 흘리며 의아해하는 꼴과는 아무 상관이 없다. 그들은 그렇게 길들여져 있고 아무 문제나 불편이 없는 일상을 보여주고 있는 것이다.

또한 헝가리 지하철1호선을 타고 내리면서 기반 시설에 대한 비난의 생각이 단견이며 몰이해에서 비롯된 것임을 깨닫고 부끄러워진다. 헝가리 지하철 1호선은 1896년 세계에서 두 번째로 개통된 지금으로부터 119년의 역사를 가진 세계문화유산이며 헝가리 자부심으로 자리하고 있다. 우리나라가 1974년에 지하철이 개통 되었으니 세계최초보다 110년 만이다.

매캐하고 오염되고 어두운 터널과 요란하고 날카로운 레일의 마찰음은 역사성을 자랑하고 외치는 소리로 들림직하다. 부다페스트 시민들은 묵묵히 오늘도 내일도 불편을 보람으로 옛것을 지키며 보존하려는 시민정신으로 자랑으로 살고 있는지 모르겠다. 여행자들의 만족보다는 문화유산을 지키려는 시민 정신을 보게 된다. 그렇지만 줄줄 흐르는 이 땀은 우짜노……?

반값 굴라시

여행이 즐거울 수 있다면 삼박자가 맞아야 한다. 보는 것과 먹는 것과 두 가지를 떠받치는 건강이 있어야 한다. 보는 것은 아는 만큼 보이기에 나름의 관찰력과 식견에 따라 정도는 다르겠고 먹는 즐거움은 본능적 욕구이기도 하지만 금강산도 식후경이라 여행지의 물산을 맛본다는 것인데 기왕에 솜씨 좋은 맛 집을 만난다면 금상첨화일 것이다. 그리고 몸이 따라주지 않는 여행은 차린 밥상에 숟가락을 들지 못하는 꼴이다. 체력은 국력이라지만 체력은 여행이다. 회자되는 '여행은 젊어서 하라'는 말인즉 바깥출입은 삶의 경륜과 사물의 이치와 깊이를 깨달았을망정 어설픈 육신으로는 언감생심인 것이다. 따라서 삼박자의 균형은 즐거운 여행의 근거가 된다.

배낭여행은 열정과 패기가 담보된 청년들이 시도하는 모험과 꿈의 도전의 것이라면 패키지여행은 대부분의 사람들이 선호하는 속편한 일반적인 여행사의 상품이다. 또한 가족여행이 있으니 나름대로 어디서 무엇을 어떻게 보고 느꼈느냐는 일장일단이 있을 것이다. 배낭여행은 구차하고 고생이 동반된 성격을 가지고 있으니 젊지 않고는 엄두를 내지 못하는, 속된 표현으로 개고생을 해야 하고 거지꼴로 나타나기 일쑤다. 그러나 목적지의 속살을 경험하고 덤으로 인생이 풍부해질 수 있을 것이다. 패키지여행은 화려한 속빈 강정이 되기 쉽다. 모든 일정이 여행사의 스케줄에 맞춰져 있으니 실속보다는 겉 활기 시간이 많을 수 있고, 초청 내지 친지 방문이나 가족여행은 목적지가 특정되는 한계가 있을 수 있다. 이 말은 단지 필자의 소견일 수 있다.

사위는 주말을 제외하고는 회사에 매이니 아침마다 출근 전에 마주치면 반복적인 질문을 던진다. "아버님 그기는 어땠습니까? 간 곳은 괜찮았습니까?" 함께하지 못한 아쉬움이 숨은 말일 것이다. 대신 딸이 여행 가이드로 심신이 고달프다. 게다가 개구쟁이 두 녀석까지 딸아 붙으니 필자가 머무는 일정 동안은 사는 게 사는 것이 아니다. 그럼에도 딸은 내색 않고 정신력과 의지로 버텨 주고 있다.

키에프 시내는 근. 현대 건축물이 혼재하나 볼거리는 역시 근대 건축물이다. 유명 상점들도 대부분 근대 건축물에 약간의 보완적인 손길로 원형을 보존한 아름다운 건물이다. 쇼핑에 이어서 딸은 입소문이 난 레스토랑으로 들어갔고 두말없이 주문한 음식은 '보르시'이다. 키에프에 오면 반드시 맛보아야할 메뉴란다. 한국은 국과 추진 음식이 발달했지만 구라파는 우리나라의 국쯤으로 쳐 줄 수 있는 스프가 있다. 알고 보니 보르시는 비트라는 뿌리와 사탕무를 주원료로 해서 고기를 삶아 끓여낸 섬뜩 하리 만큼 붉은 색을 띈 스프다. 우크라이나가 원조라지만 동유럽, 중앙유럽 등 여러 나라에서 여러 식으로 또 지방을 따라 다양하게 요리되는 음식이다. 필자는 키에프 번화가에 앉았으니 당연히 키에프식을 경험하고 있다. 식감은 취향에 따라 다를 것이나 아무래도 국물 음식은 한 여름보다 찬 날씨에 어울리는 것처럼 7월에 기름이 많이 뜨고 느끼한 첫 맛은 영 숟가락이 가지 않는다. 아비 눈치를 살피던 딸은 기껏 한 보람이 없는지 실망하는 눈치다.

맛과 관련해서 다음 여행지인 헝가리 부다를 방문했다. 앞쪽 도나우 강 건너편 페스트 지역의 야경을 볼 겸 해질 녘에 찾은 레스토랑에서 키에프의 보르시와 흡사한 '굴라시'를 맛보게 된다. 초저녁 시간의 밝지 않은 조명 아래서 한참을 기다리고 시장기도는 끝에 식탁에 오른 음식이다. 한줄기 소나기가 지나간 후라 살짝 선선한 마당에 따끈한 국물에 적당한 크기가 숟가락에 걸려 올라오는 소고기는 씹히는 질감과 육즙이 빠져 나오는 느낌이 좋다. 맵싸하면서 진한 국물이 영판 우리의 육개장이다. 보르시에 비해 느끼하지도 않아 다른 요리는 뒷전이고 단숨에 그릇을 비운다. 굴라시는 적당히 매운 스프로 헝가리 음식이면서 주변국과 서유럽에서도 쉽게 볼 수 있는 음식이다. 옛날 양치기가 먹든 음식에서 유래 되었고 굴라시 뜻은 '목동'을 뜻한다 하니 전통음식은 맞는 말인 것 같다.

기분 좋은 포만감도 잠시고 식대 계산을 앞두고 문제가 생겼다. 분위기와 맛으로 즐거움을 안긴 이 레스토랑은 현금 취급만 한다는 것이다. 딸이 가진 헝가리 현찰은 음식 값에 턱없이 부족하다. 종업원의 안내를 받아 현금지급기를 찾았지만 가는 날이 장날이라고 현금지급기가 고장이라 이러지도 저러지도 못하는 처지가 되니 난감백배다. 그런데 미국인 부부가 같은 처지로 종업원과 상황을 놓고 손짓발짓 해결 방법을 찾지만 별다른 방법을 못 찾고 중년 아저씨는 바지주머니를 탈탈 털고 궁색한 장면을 연출하고 있다. 결국 종업원은 모자라는 액수만큼 손해를 보기로 하고 그들을 돌려보낸다. 다음은 우리 차례다. 동병상련으로 맘 조리며 기다리던 딸은 가진 돈을 잔돈까지 글어내 테이블 위에 올린다. 식대의 절반에도 못 미친다. 종업원은 머리를 가로 저으며 사장에게 몇 차례 오가며 상황을 설명한다. 사정을 모르는 손주 녀석들은 의자 사이로 들락거리며 분잡을 떤다. 얼마가 지났을까…….

사장님의 양보로 우리는 풀려난다. 50% 세일 만찬을 하고 자리를 뜨는 셈이다. 운이 좋으면 반값 식사도 가능한 헝가리다. 미안하고 머쓱한 분위기로 땡큐를 몇 번 외치며 나오지만 뒤 꼭지가 부끄럽다. 어쨌든 아~! 굴라시 한 번 잘 먹었다……!

오르간

파이프의 장엄하고 화려한 음의 튀어나온 파편들이 빛나는 적자색 높은 원형대리석 기둥을 휘돌아 넓고도 구조적 조밀한 공간을 구석구석을 헤집고 충돌한다. 정연한 색채로 부셔져 귀로 아니 살갗으로 스며든다. 길고 짧게, 높고 낮게, 밝고 어두우며 혹은 빠르다가 느려진다. 그러나 혼란스럽지 않은 질서 정연이다.

온 몸이 음의 상찬에 녹아내린다. 연주자의 섬세한 아고긱은 무아의 경지로 이끌고 마침내 피날레를 암시하는 풀 오르간이 기염을 토한다. 파이프 물성의 처연한 외침이 일어선다. 몸이 전율에 젖는다. 이것은 음악적 감동을 넘은 강열한 메시지를 던지고 있다.

헝가리 수도 부다페스트는 도나우 강을 좌우로 부다와 페스트 두 도시로 나뉘어 있는데 두 도시는 잔물결이 이는 강을 서로 마주보며 아름다운 역사성을 지닌 관광 코스를 가지고 있다. 그 중 페스트에 유명한 성 스테판 성당이 있다.

스테판이란 이름으로 동서 유럽에는 성당들이 있는데 각각 독특한 건축양식과 역사성을 가지고 있다. '스테파니'헬라어의 이름이 로마 가톨릭에서는 스테판이라 부르며 개신교에서는 신약성경 사도행전의 초대교회 스데반이다. 일곱 집사 중의 한 명으로 기독교 역사상 처음으로 순교한 인물을 기념한 성당 명을 가지고 있는 셈이다.

지금 콘서트장이 헝가리 스테판 성당이다. 이 성당은 신고전 양식으로 1851년에 착공해 1905년에 완공 되 헝가리 초대 국왕 '이슈트반' 에게 봉헌된 대 성당으로 웅장하며 내부 시설이 화려하고 고급스럽다. 수십 년을 공들여 건축한 면모가 보인다. 번쩍거리는 적자색 원형기둥은 보는 이를 압도한다. 높은 천정의 돔 구조는 그 자체가 완벽한 음향 시설인 셈이다.

스테판 성당은 관광객을 위한 오후 음악회가 열리고 프로

그래도 클래식의 여러 장르를 소개하고 있어 취향을 따라 즐길 수 있다. 그러나 짧은 일정으로는 골라 감상하기는 쉽지 않다. 나는 여유 있는 숙박 일정과 딸의 배려로 유감없이 기회를 잡았다. 오르간 연주회다. 하루전날 예매하고 설레는 기분으로 한밤을 지샜다.

교회음악을 공부하며 음악목회를 수십 년 해 온 당사자로써 이런 기회는 결코 놓칠 수 없고 평생 다시 잡을 수 없음을 안다. 교회음악의 진수는 뭐니 뭐니 해도 오르간 음악이며 본산이다. 설치된 오르간은 규모가 상당했고 성당의 구조와 절묘한 조화를 가지고 있다. 음향적으로 교회의 목적물이기로 다소 목욕탕 효과까지는 어쩔 수가 없다. 전문 음악회장의 음향학적 설치는 할 수 없기 때문이다.

미사 드리는 공간과 장의자가 객석이다. 연주시간을 기다리는 동안 건물 구조에서 느끼는 분위기는 엄숙하고 경건하다. 우리나라에서 오르간의 생음악을 듣는 기회는 흔치 않다. 특히 지방 사람들은 더 그렇다. 기회 때마다 오르간 연주회를 가지만 분위기와 전자음향의 건조함을 아쉬워했다. 이제 본 고장의 그것도 역사성을 겸비한 성당에서 생음악을 듣는 것은 행운이다.

오르간의 위치는 성당 위층 뒤편에 설치되어 구조상 오르간 연주자와 연주 모습을 볼 수 없는 아쉬움이 있지만 그 울려 퍼져 내리 깔리고 드리우는 음향적 무개와 신선함은 뒤돌아 볼 엄두까지 불식 시킨다. 프로그램 중 리스트 곡을 듣는 것은 여행의 의미를 배가하는 즐거움이 있다. 리스트는 헝가리 출신의 천제 음악가요 헝가리의 자존심이요 대표적인 음악가이기 때문이다.

리스트 오르간 곡 '코랄' 은 한국에서는 좀처럼 들을 수 없다. 물론 필자의 정보 수준이겠지만……. 장엄한 음이 폭포수처럼 쏟아져 내린다. 마치 헝가리에 온 관객에게 자신의 존재를 알리는 강렬한 메시지 같기도 하다. 그것은 국보 리스트를 자랑하기 위한 프로그램 코디의 의도적인 작업일 수도 있다. 그리고 이 장대하고 심연한 곡을 누가 외면할 것인가? 리스트 본 고장에서 그의 곡을 몸으로 느낀다. 이어서 바하 푸가와 프렐루드 C장조와 특히 d단조 푸가와 토카타는 피날레를 장식하기에 주금도 부족함이 없다. 압권이다.

오르간 연주의 실연에 목말랐던 가슴을 쳐 응어리를 풀어내리고 제대로 된 콘서트가 막을 내린다. 옆의 딸의 어깨를 두드리며 말을 던진다. 에비 소원 풀었다. 고맙다.

귀국 회견

긴 비행시간으로 인해 아직 기압적응이 안 된 귀 고막은 먹먹하고 뻐근하다. 머리도 띵하고 맑지 않다. 물론 시차적응은 이제부터 시작이니 며칠이나 갈려는지 몸 상태는 두고 볼 일이다. 비행기 트랩을 내려 입국심사대를 막 빠져 나와 로비로 몸을 돌리니 기다렸다는 듯이 카메라 플래시가 사방에서 터진다.

"이동훈 목사님~ 긴 비행시간으로 피곤하시겠습니다만 몇 가지 묻겠습니다. 대답해 주실 수 있겠습니까?"

"예~ 간단히 하시지요."

"우크라이나를 방문하셨는데요. 왜 하필 그 위험한 분쟁

지역으로 여행을 하셨습니까?"

"예, 그럴만한 사정이 있었습니다."

"크림반도 문제로 사태가 악화되고 동부 오데사 지역은 여행 금지령이 내려졌고 도네츠크 지역도 여행 비상발령이 난 걸로 압니다만……. 혹시 그 지역을 방문 하셨든가요?

"아니요~ 저는 키에프에 머물면서 비교적 안전한 지역을 다녀왔습니다."

"그러시군요……. 참 다행입니다. 여행은 즐거웠습니까?"

"예, 많은 것을 보고, 듣고, 느끼고 해서 기억에 남을 유익한 여행이었습니다."

"피곤하시겠습니다만 우크라이나에 가시게 된 그 사정을 말씀해 주실 수 있겠습니까…… ?

"예, 기회가 되면 말씀 드리도록 하겠습니다."

"감사합니다."

작은 딸이 사위의 직장을 따라 우크라이나로 이사 짐을 싸야한단다. 하지만 그 나라는 분쟁이 일고 있는 위험 지역이다. 우려스럽고 긴박한 사태를 지켜보는 수밖에 없다. 우크라이나는 선거를 통해 친 서방 정권이 들어서게 되자 러시아에서는 크림반도의 자국민을 보호한다는 명분으로 군대를 파견하고 분쟁을 야기 시켰다.

우크라이나는 구소련 연방에서 독립했으나 러시아와 국경한 지정학적 정치 경제적 여러 복잡한 역학 관계가 있고 친 러시아 성향의 동남부 지역 대 친 서방 중서부 지역의 충돌은 예상 된 결과로, 친 러시아 민병대와 우크라이나 정부군과의 교전으로 이미 많은 희생자가 속출하고 서방 정상들과 푸틴의 만남은 이루어지지만 돌아서면 또 그만인 상황이 되풀이 되고 있다.

그럼에도 딸의 가족은 사위가 삼성전자 우크라이나 키에프 주재원 이므로 회사 일정을 따라 우크라이나 수도 키에프로 이사를 하고 이역만리 타국의 생활이 8개월을 넘어가고 있다. 모두 오가는 소식들은 염려와 걱정의 시간들로 채워진다. 그러나 어떤 환경에 노출 되든 재빨리 적응하고 그 문화에 동화되는 것이 살아남는 지혜이기도 하다.

딸의 가족은 회사의 배려로 비교적 이른 안정을 찾는다. 이들이 일 년을 넘기지도 않은 체 우리내외의 방문을 요청한다. 뜻밖의 일이기도 하지만 그것도 한 달을 계획한 여행을 준비하란다. 맘이 달뜬다. 솔직히 집 떠난 일이 별로 없기도

하지만 한 달씩이나 여행길에 있다는 것은 상상도 못해본 일이다. 이들의 통 큰 계획이 효도이리라 짐작이 되지만 개척교회를 돌보는 목사로 이들의 요청에 응하기란 쉽지 않다. 하지만 듣고 난 달뜬 맘을 이성적으로 가라앉히기도 쉽지 않다. 생각하면 평생에 모처럼 찾아 온 절호의 기회이기도 하고 다시없을 시간을 잡고 싶었다. 궁리 끝에 교회는 막내 동생 이환웅 목사에게 맡기기로 하고 떠나기로 한다. 실로 긴 세월을 음악목회를 하다 보니 담임목사들의 안식년 휴가를 언감생심 바라보기만 하는 부러움과 제대로 쉬어보지 못한 아쉬움이 많았다.

이제 개척교회 4년차 접어들고 힘든 시기에 딸 사위의 섬김의 요청을 받게 된 셈이다. 믿음의 세계관은 우연이 없으니 이번 기회는 필연적인 하나님의 섭리하시는 은혜임을 확신함과 동시에 모든 것을 내려놓고 훌쩍 떠나기로 했다. 사위는 비행기 탑승권을 예약해 놓고 통보를 해온다. 7월초부터 말까지는 여행 성수기라 미리 예약을 해 놓은 것이란다. 약 한 달을 설레는 맘으로 막연한 여행지의 상황을 그리며 준비한다. 출입국에 필요한 공항영어부터 생활영어에다 여행은 체력이 중요하니 몸 관리에다 기다린 시간은 결코 길지 않았고 이내 떠나게 된다.

왠 기자회견 장면일까……? 출국 때 아내와 조용하고 진지하게 러시아행 터미널을 찾아 출국 수속을 했고 절차를 따라 검색대를 통과해 아무 일 없이 비행기에 올랐다. 그런데 무슨 일이 일어난 것일까? 대답은 글쎄, 아니올시다……. 이다. 카메라 플래시 터짐과 기자회견 따위는 처음부터 없었다. 단지 만용을 부렸을 뿐이다. 한 달을 여행하고 돌아오는 상황이 허전했고 여러 아쉬운 심경이 객기로 발동하여 어느 유명인사의 귀국 장면을 각색한 소설적인 장면으로 자위한 것이다. 싱겁고 생뚱맞은 짓인 것 같아 민망하지만 상상속의 현실은 짜릿하고 재미있을 수 있다. 여행이란 집을 떠난 길을 가는 것이지만 돌아오기 위한 길이기도 하여 집에 돌아온다. 딸 사위의 배려는 부모의 섬김이니 이들을 축복하며 고맙다……. 그런데 내년에 또 불러주면 안 되겠니

제3부

허전한 고향 땅

너무나 낯선 고향

고향은 누구에게나 그리운 곳이 아님은 언젠가 떠나야 했고, 그리움에 사무치고, 애절한 추억이 가슴 한 구석에 남아 있을 때 비로소 고향 얘기를 할 수 있다. 태어나고 토박이로 쭉 눌러 살고 있는 사람들에게 고향이 있기나 할까……. 고향은 태어나고 자라며 철이 들고 꿈이 싹트는 터전이다. 고향을 말하기란 어릴 시절 시줄 날줄이 겹겹이 얼켜 짜여 진 흰 천을 펴는 일이다. 천의 한 가운데 오염 자욱이 있다면 구구절절이 말 못할 상처일 수도 있고 천의 귀퉁이가 헤어졌다면 고통의 흔적일 수도 있다. 그리고 추억의 창고를 열면 가슴 아린 갖가지 사연이 쌓여 송아리 되어 올라온다.

'지척이 천리'라 했던가……. 필자의 고향은 해운대다 지금 사는 곳과는 그리 멀지 않지만 고향을 찾는 발길이 무딘지가 오래다. 어느 긴 세월을 보낸 후 찾은 고향은 너무나 낯선 동네였고, 어느 날 다시 찾은 고향은 발길을 막고 배척하는 이국땅이 되어 있었다.

지금의 해운대는 관광특구로 지정돼 선진 도시 환경으로 변모하고 있지만 그 옛날에는 행정지번과는 달리 각 마을마다 붙여 부르는 고유의 이름이 있었고 부락으로 통했다. 그것은 그 마을의 정체성이기도 했다. 필자가 태어 난 곳은 '오산부락'이다. 동래구였던 해운대가 개발 논리에 부합하면서 인구팽창은 해운대구로 분리 탄생하게 된다. 행정지명은 중동, 좌동, 우동 등… 은 그대로라 낯설지 않아 다행으로 위로를 받는다.

태어난 집터가 사라져 버리고 집 앞 몇 계단 논두렁 밑에 여름이면 멱 감고 겨울이면 얼음 치기 하던 큰 못이 있던 자리에 아파트가 공룡처럼 버티고 서있다. '십년이면 강산이 변하다'란 말이 실감나는 형국이다. 십년이 아니라 그 몇 곱절의 세월이 지난 터이니 무슨 할 말이 있겠나만 멀찌감치 서서 흔적을 어렴풋이 가늠해 볼 뿐이다. 신작로와 논두렁을 따라 재를 넘고 내를 건너 멱을 감던 '둠보'라는 소沼는 장산에서 발원하여 폭포사를 거쳐 내려 모인 여름 유일 최상의 놀이터였으나 물길의 흔적은 없다. 다만 복개된 어두운 지하 물길을 따라 춘천 천으로 흘러 내려 바닷물과 합쳐 동백섬을 돌아 나갈 뿐이다.

큰댁에 추수가 시작되면 학교를 못가고 부역에 동원된다. 멀리 경찰지서(지구대)에서 시계가 귀하던 시절이라 정오를 알리는 사이렌이 울릴 쯤 이면 사촌 큰 누님이 검은 몸빼 바지를 휘저으며 좁은 논두렁을 넘고 빠른 걸음으로 내려온다. 머리에는 큰 함지박을 이고 한쪽 손에는 큰 주전자가 들렸다. 의식주가 핍절하던 시절이라 돌아서면 배가 고프다. 논두렁을 걸쳐 가장자리에 대충 보자기를 펴고 점심상을 차린다. 지금 생각하면 그때 먹 거리는 오염이 안 돼 향과 맛이 살아있다. 큰 양푼에서 김이 올라오는 흰쌀밥에 고등어찌개, 오이, 상추, 잘 익은 김치는 나라님의 수라상이 부럽지 않은 진수성찬이다. 추수 부역의 현장인 논과 밭이 신시가지의 도로로 변해 버렸다. 오산 부락을 필두로 산허리를 끼고 중동, 좌동, 우동에 이르기까지 탄약고 막사가 약1km를 간격으로 있었고 밤낮 보초병이 교대로 지키고 있다. 통신 시설이 미흡한때라 밤에는 검문 지프차가 나타나면 육성으로 다음 초소에 알린다. '떳다~'그러면 옆 초소는 다음 초소에 신호를 보낸다. 우리는 매일 밤 초병의 우렁차고 다급한 목소리를 들어야했다.

어느 날 탄약고가 터지는 바람에 온 동네가 혼비백산하여 피난을 하느라 정신 줄을 놓는 목숨 건 절대 절명의 순간이 있었다. 필자는 동래 고모네 집으로 피하고 며칠이 지난 후에 돌아온 기억이 있다. 주전부리 감을 찾아 야산을 오르내리면서 산딸기, 까마중 열매, 잔디새순을 뽑아 먹고 달 밝은 밤이면 과수원 서리로 해코질 하던 지역은 신시가지로 변하고 말았다.

숙제를 많이 내주는 선생님이 싫었다. 따라서 체벌도 심해 늘 상 얻어터지는 친구들이 많았다. 필자도 예외는 아니었고, 그때는 회초리를 출석부에 끼워 다니는 선생님들의 교육문화였다고 할 수 있다. 학교를 벗어나면 동네에서도 두드려 패고 맞는 것이 다반사였다. 어른들도 노상 얻어맞아 눈두덩이 시퍼렇게 멍든 아낙네가 많았다. 유교적, 가부장적 엄격문화의 소치일 것이고 또한 이데올로기, 경제공황 등이 폭력으로 진화한 것이리라 여겨진다.

그 자리를 오롯이 지키고 있는 유일한 이곳은 6년을 졸업한 해운대 초등학교였다. 운동장 가장자리를 한 바퀴 걷다보니 감회가 새롭다. 남아줬어 고맙다…….

개발로 깡그리 변한 고향엔 가고 싶지 않다. 다만 변하지 않은 고향은 마음에 남아있다. 기억이 존재하는 날까지 새록새록 떠 올릴 수 있으니 정신을 차리고 살면서 고향을 얘기하자.

족 욕탕의 풍경

개인이나 나라의 살림살이가 부요해지면 기본욕구가 진화해 웰빙으로 나아간다. 나라의 정책 목표도 보편복지로 발전하여 선진국 이 되고 선진 국민이 된다. 우리나라는 압축 성장에 따른 시행착오와 부작용은 격고 있으나 조만간 선진국으로 발 돋음 할 줄 믿는다. 세계사에 유래 없는 경제발전과 민주사회를 이루었으니 우리민족의 우월성을 자위해도 될 듯. 그러나 속내를 들여다보면 수많은 눈물과 고난이 있었음을 알 수 있다. 역사의 발전은 피와 땀과 희생 위에 세워지는 법이다. 그 희생의 선두에는 지금의 노인들이 자리하고 있다. 초석을 놓고 다졌으니 흔들리지 않는 성장을 지속 나가면 될 것이다. 그러나 우리는 발전과 성장 엔진을 가속해야 함에도 깊은 시름에 빠져있다.

나라의 힘은 사람, 즉 인구에서 비롯되는데 작금의 출산율은 인구 대체 율을 채우지 못하는 기현상에 놓여있다. 인구 정책 내지 사회 현상은 어떻게 손을 써야할지 방향을 잃고 있다. 세대를 번식해야할 청년들이 희망을 구체화 시킬 사회와 국가 차원의 모멘트를 제공하지 못하기 때문이다. 일찍이 노인들이 깔아 놓은 멍석 위에 젊은이들이 신바람 나는 춤을 추고 희망을 노래해야 한다.

온천으로 유명한 동래와 해운대는 관광 홍보를 겸한 주민 건강증진을 위해 노천 온천 족탕을 만들어 놓았다. 동래 온천장이 먼저 시작하고 몇 년이 지나 해운대도 해수욕장과 구청청사 앞마당에 족 욕탕을 설치하여 연일 끊임이 없다. 지자체의 주민 서비스 행정에 갈채를 보내고 싶다. 족 욕이 건강에 좋은 것은 온천수가 일정한 온도를 맞춰 계속 순환 공급이 되니 깨끗하고 따끈하여 주민들은 일석이조 호사를 누린다.

족 욕이 건강에 유익함은 발은 제2의 심장이라 함이다. 발바닥에 많은 신경이 모여 있어 적정 온도의 물은 신경을 자극하여 혈관을 확장 시켜주고 혈액 공급을 원활히 할뿐 아니라 땀과 노폐물을 포함한 몸에 독소를 배출 시켜 신진대사를 도우니 피로는 절로 풀리고 건강을 도모하게 되는 것이다.

건강은 관리하며 지킬 때 그 유익을 얻는데 의지가 발동해야 하고 시간도 내야하니 바쁜 일상 속에 그리 말처럼 쉽지 않다. 아내와 함께하는 시간이 많아지면서 규칙적인 프로그램을 생각한 것이 운동 후 족 욕이다. 도시환경이 양호하다고 할 땐 주민들의 생활 편의를 도와줄 인프라가 구비됨을 말할 수 있는데 해운대구는 자연환경을 조화롭게 개발해 주민의 여가선용에 도움을 주고 있다.

나이가 들수록 운동도 체계를 세워 해야 한다. 걷기 일변도에서 근육운동을 겸해야 허약함을 면할 수 있다. 운동 후 족 욕탕을 찾는 것이 일상이 되고 보니 어느 듯 습관이 되어 바쁜 일로 빠지는 날엔 아쉽고 허전하다.

구청 앞마당의 족 욕탕은 전체 테 둘레는 직사각 모양이나 안쪽 구성은 아기자기한 칸을 두고 가장자리를 둘러 나무판을 깔아 앞과 옆으로 도란도란 애기를 나눌 수 있도록 한 정겨운 모양새다. 중앙 기둥 쪽 아래로 디지털 수온계가 42도를 나타내고 위쪽 천장쯤에는 시계가 걸려있어 적당한 족 욕 시간을 잴 수 있게 했다. 대략 20~30분 정도의 시간이 가장 적절하다는 안내판도 세워 놓았다. 각 사람의 신체적 특성이나 체질에 따라 다소 차이는 있겠지만 그 시간쯤이면 땀이 나고 온 몸이 달아오른다. 담갔던 다리 아래쪽은 벌겋게 물이 들고 전신 욕을 한 것 못지않은 개운함과 선선한 기분이 찾아온다.

인근주민들은 멀어서 일부러 찾아오는 사람들보다 지역적으로 알찬 혜택을 누리는 셈이다. 족 탕 이용객은 거의가 노인들이고 소일하며 건강도 챙길 수 있어 날마다 찾아 발을 담근다. 대개 자기가 찾아 앉는 자리가 정해져 있고 자기 눈에 보기 좋은 곳으로 한 번 정하면 내내 그 자리를 고수한다. 30분 안팎에 주고받는 말들이 시끌벅적하다.

노인네들의 특징이 여럿 있지만 공공장소에서 지켜야할 예의가 실종 되는 수가 많다. 별일 아닌 것에 버럭 소리를 지르고 염치와 부끄럼이 없다. 긍정적인 면은 처음 보는 사람과도 즉석 말을 주고받는다는 점이다. 어느 날 족 욕 중에 뒤쪽에서 큰소리가 튀어 나온다. "야이 영감탱이야~ 죽고 싶나~? 탕에 대가리를 처 박아뿌까~!"깜작 놀라 돌아보니 모든 시선이 몰린다. 주인공은 70대 중반의 할머니다. 대개 족탕을 찾는 사람들은 운동복 차림인데 그 할머니는 선글라스에다 목걸이를 하고 컬러풀한 원피스 차림이었다. 앞 사람과 얘기를 주고받는 중 '할매'라는 소리를 듣는 순간 폭발한 것이었다. 젊게 살려고 나이를 뒤로 건너뛰고자 애쓴 보람이 한 순간 물거품이 되는 기분이었을까. 젊게 봐 주지 않은 것이 괘심했을까. 한 소리 벼락을 맞은 아저씨가 당황해 하며 어쩔 줄 모른다. 싸움이 날 찰나에 "하하하~ 이 아제씨야 아지매라꼬 불러야제~" 할머니는 언제 고함을 쳤느냐는 듯이 호탕하게 웃고는 분위기를 반전 시킨다. 다혈질의 할머니라 여긴 앞자리 아저씨도 이내 한숨을 돌린다. 할머니의 가당찮은 해프닝에 족 탕 분위기가 잠시 어리둥절했다. 누군들 젊어지고 싶고 가는 세월을 붙잡고 싶지 않은 사람이 얼마나 될까. 부끄럽지만 필자도 살고 있는 아파트에 한 달에 한 번씩 노인회에서 점심식사에 참석을 호출하지만 얼굴을 내밀지 않는다. 노인회에 들고 싶지 않음일까. 나이를 인정하고 싶지 않음일까. 맘을 비우지 못하고 착각 속에 살고 있는 것일까…….

족 욕탕이 노인들의 일색이라 젊은이들이 지나가면서 기웃거리기만 한다. 좀처럼 함께 발을 담굴 엄두를 못 낸다. 해운대는 관광객을 비롯해 각 연령대가 들끓으나 족 욕탕만큼은 노인네들 차지다. 가만히 귀담아 들어본 말들은 며느리 흉, 영감 흉, 자식자랑, 자기가 앓는 병, 남이 앓는 병, 어디가 용한 침을 놓는다는 등 혼잡한 말의 성찬은 해질 때까지 이어진다. 나라의 발전을 위해 한 시대를 헌신한 노인들이 건강한 말년을 보내야함은 두말이 필요 없겠으나 젊은이와 함께 발을 담그고 나직이 격려하고 힘든 세월을 이겨내는 청춘을 위로하는 족 욕탕 문화를 만들어 갔으면 참 좋겠다.

> "우리의 연수가 칠십이요 강건하면 팔십이라도 그 연수의 자랑은 수고와 슬픔뿐이요 신속히 가니 우리가 날아가나이다."
>
> 시90:10

뛰지 마라~

농어촌을 제외한 도시환경에서 흔히 볼 수 있는 것 중에 아파트는 물론 일반 주택가에도 헌옷 가지를 버리는 함이 설치되어 있다. 특히 아파트는 여러 헌옷들이 버려지는데 함의 공간이 비좁아 쑤셔 넣지도 못하고 도로 가지고 들어가는 경우를 본다.

필자의 아파트에 한 날은 주기적으로 수집해 가는 대형차량이 들어와 삼발 집개로 모인 옷을 짚어 올려 싣는다. 이미 다른 곳에서 모은 옷들이 한가득 산더미 같다. 형형색색의 헌 옷들이 쌓여 눌러 담긴다. 옷을 버리는 입장에서는 딱히 헌옷이라기보다 세월이 흘러 몸이 옷 사이즈를 감당 못해 무용지물이 될 수 있겠고 또한 유행이 지나 멀쩡한 옷이 비좁은 옷장을 차지하고 있을 수도 없고 아깝지만 남에게 줄 기회도 찾지 못해 결국 버려진다.

더러는 단체의 바자회 행사에 선을 보이기도 하는데 결코 헌옷이 아니다. 행사에 참여한 자들이 마침 취향에 맞는 옷을 골라 만족한 웃음을 짓는 경우를 본다. 어떻든 건너 주고받을 기회를 잃어버린 옷은 헌옷이란 이름으로 버려지는데 그 옷들은 남녀노소의 것을 막론하고 아깝고 섭섭하지만 허투루 버려지지 않고 수집된 옷은 선별 작업을 거쳐 빈곤층을 찾아 가기도 하고 빈국으로 수출되기도 하며 원조의 명분으로 새 주인을 찾아 간다. 따라서 헌옷으로 버린 사람들은 결국 선한 일에 동참하는 기회가 되어 보람을 느낄 수 있다. 이것은 곧 대량생산 과잉물량 과소비 시대를 살아가고 있는 현대사회의 한 모습일 것이다.

필자는 6.25 동족상잔 암울한 시절을 살아 왔기에 헌옷에 대한 생각이 남다르다. 동란 직후라 못 먹고 못 입는 궁핍한 때였고 특히 미국으로부터 구호품이 많이 들어왔는데 그 중 옷가지가 많았고 배급을 받는 옷들은 대부분 어린 몸에 맞질 않았다. 식량배급은 정해진 바가지로 퍼 담아주니 일정량을 받을 수 있지만 옷은 뭉뚱그려 주는 대로 받으니 몸에 맞는 옷이 걸릴 일이 드물고 운이 좋으면 알맞고 좋은 색상의 옷을 얻어 걸릴 수 있다. 대체적으로 헐렁한 어른 옷이라 티셔츠 하나에 두 동생과 셋이 끼어 입고 장난을 친 일이 기억에 있다. 결국 어머니의 바느질을 거치고서야 대충 걸칠 옷이 된다.

지금 우리가 버리는 헌옷들이 빈국으로 원조 되니 격세지감이 아닐 수 없다. 핍절한 시절에 옷을 얻어 걸리는 것은 많은 시간이 필요했고 어쩌다 명절을 며칠 앞두고 어머니의 저자 길에 따라 나섰다가 한 벌 정도 건진다. 서너 살 아래 여동생들이 있지만 필자의 옷은 물려 주지도 못하고 닳고 꿰매너덜거릴 때까지 입다가 버려지는데 면 속옷이면 모여서 걸레로 변신한다.

진한 무명 골 바지와 고무신을 새로 사 입고 신었으니 동네 골목에 나가 자랑하고 싶다. 어릴 때 놀이는 거저 뛰고 굴리고 부딪히는 놀이가 많고 나무에 오르내리며 오금조리는 아슬아슬한 놀이도 재미있다. 하지만 이내 사고를 내고 만다. 놀이터는 돌 짝 밭이 많고 들녘과 나뭇가지에는 날카로운 것이 많아 예기치 않게 걸려 넘어지고 미끄러지고 하면서 옷도 신발도 찢어진다.

얇은 골 바지는 꼭 기억자로 찢어져 벌어지고 너풀거리니 내복이 보이거나 다리 살이 들어난다. 태산 같은 걱정으로 집에 들어가며 몸을 움츠려 어머니의 눈길을 피하려 하지만 매 눈을 피할 길 없고 그날 저녁은 밥은 커녕 몽둥이 뜸질로 연방 인생 반쯤은 죽다 살아난다.

어머니의 사정을 헤아리지 못하고 천방지축 까불다가 당하기 일쑤다. 아껴 입고 신어야 한다는 개념이 없을 때이니 매를 버는 일이 비일비재 했다. 어른들의 입에선 노상 "뛰지 마라 배 꺼진다~" "뛰지 마라 신 닳는다~" 아이들을 향한 그 시절의 웃지 못 할 경고성 바람을 담은 말이다. 아이들은 날뛰는 것이 성장의 과업인데 못 뛰게 한다. 아이들의 양기는 다리에 있기 때문에 가만히 있지 못하고 뛰는 것이다. 사람은 성장에 따른 양기의 이동이 있는데 그걸 모르진 않았을 것이다. 그러나 아껴서 살아내는 것에 의미를 찾는 시절을 거스르면 안 되는 것이고 보릿고개를 넘길 때는 밥을 먹고 뛰는 것은 몸을 축내는 낭비의 개념이었다. 신을 신고 어른 앞에서 뛰는 것은 신발이 닳아지니 아껴야 된다는 말이고 결국 "뛰지 마라~"에는 초 절약의 시대정신이 숨겨져 있다. 내핍이 최상의 가치가 되었던 때였으니 말이다.

격세지감이다. 시대가 바뀌 작금의 아이들에겐 "뛰어라~"로 경고를 날려야 한다. 영양과잉으로 인해 비만아가 많고 등치는 커졌지만 운동부족으로 성인병을 앓고 있다. 저항력과 지구력이 약하고 허우대만 멀쩡하다. 그때 "뛰지 마라~"에 내핍의 시대정신이 있었다면 지금은 마땅히 "뛰어라~"에 시대정신의 의미를 담아야 한다.

'건강한 육체에 건강한 정신'이라 했으니 약골을 벗어나야 아이들과 젊은 세대에 미래가 있다. 이제는 먹고 살만한 나라가 되었으니 못 먹어 힘 빠져 늘어지는 일이 없다. 옷이 낡아질까 염려할 필요가 없고 깁 어서 입는 옷이 없다. 신발 닳을 것을 염려해 못 갈 곳이 없다. 젊고 역동적인 한국인을 길러내기 위해선 뛰어야 한다. 꿈과 비전을 향해서도 뛰어야 한다. "뛰지 말라~"의 역사가 되풀이 돼서는 결코 안 되기 때문이다.

고향 골목 복원

시골 농촌에 아기 울음소리가 끊긴지 이미 오래다. 꿈 많은 젊은이들이 시골에서 젊음을 낭비하기 싫은 까닭이 있기도 하고 따라서 이들이 도회지에서 생육하고 번성하니 이 시대에 태어난 아이들의 고향은 거의가 도회지다.

고향을 떠올릴 땐 태어나서부터 백지의 기억 장帳에 경험의 기록들이 새록새록 쌓이는 너덧 살을 지나 여남은 살 될 때까지의 추억이 어려 있는 곳을 말 할진데……. 앞뜰과 뒷산 개울과 못, 그리고 강, 신작로 아래로 넓은 논과 밭, 논두렁을 지나 샛길을 빠져나와 동무집의 마루에 걸터앉아 조잘거리던 등등이 고향풍경이다.

작금의 아이들은 이런 자연의 정서와는 동떨어진 회백색의 투박하고 척박한 건물의 숲에 갇혀 그럼에도 그곳이 태어나고 자란 고향이라고 말할 것이다. 그들 부모로 하여금 경쟁시대에 태어났으니 자연환경 따위는 관심 밖이고 빨리 빨리 먼저 먼저의 생태환경으로 내몰린다. 취학 전부터 교육현장으로 투입 되니 아이들은 숨 돌일 여유가 없고 느림과 여유와 배려의 정서가 몸에 베일 수가 없다. 눈앞에 보이는 문명의 이기들과 생명이 없는 부산물에 익숙하여 메마른 정서가 심신을 채운다. 그들이 훗날에 고향의 추억을 말할 땐 아마도 집 앞에서 교육현장까지 타고 달려 오르내리던 버스의 이야기가 주 된 기억일 것이다.

적어도 고향의 추억이라면 풀냄새를 맡고, 흙에서 뒹굴고, 강이나 뒷산 아래 소沼에서 멱 감고, 겨울엔 언 못에서 스케이트를 타고, 깊은 우물의 시원한 냉수를 퍼마시고, 한여름 밤엔 수박과 참외 밭을 서리하다 멱살 잡혀 혼줄 나고, 밀밭을 습격해 불에 그슬어 먹고 입가와 손바닥이 온통 숯검정으로 칠갑을 한 경험이 있어야 한다. 그러나 지금은 사라지고 없는 그때의 고향 풍경은 수십 년 전의 시골에서 태어 난 자들만의 얘기일 수 있다.

반평생을 넘긴 나이에 고향에 돌아와 살 것이라곤 생각도 계획도 없었으나 골육의 배려와 이런 저런 상황에 떠밀려 고향땅, 태어나고 자란 해운대 중동 오산마을 밑으로 이사를 했다. 하지만 너무나 변해버린 고향땅은 이미 낯선 타향 땅이고 추억을 깡그리 말아 내동댕이 쳐버린 현실이 눈앞에 펼쳐져 있다. 고향마을 위해 기여한 일이 없어 민망하지만 그래도 섭섭하고 분하고 서글프다. 개발이란 미명하에 고향의 모습이 사라지고 있다. 관광특구 해운대의 지역적 특수성이라 치부하기엔 실로 안타깝고 허망하다.

옛 오산은 여느 마을과 다름없는 시골 환경이다. 지금 이사해온 아파트 자리는 공교롭게도 큰 백부의 논이었던 곳이다. 생각하니 참 묘하다. 선친의 형제 중에 홀로 농사지을 땅을 상속 받지 못하고 그 어려운 보릿고개 시절에 땅도 없고 알량한 공무원의 박봉에 궁핍한 형편이었고 오히려 큰 집 농사일에 부역꾼이 되어 입 살이 를 얼마나 했던가. 그런데 지금의 사촌들은 개발의 요구에 넓은 땅과 밭을 모두 내어주고 젊은 나이에 죽기도 하고 타향살이를 하고 있다. 필자의 가족은 달랑 초가집 한 채만 지니고 있어 수확의 풍성함을 남의 일로만 여기고 살아 나왔다.

수십 년이 지나 이사한 곳이 백부의 논과 밭의 땅에 지어진 아파트다. 사촌들이 다 팔고 떠난 자리에 들어와 산다는 것이 세월의 아이러니가 아닐 수 없다. 그러나 옛 흔적들이 모두 사라지는 모습 앞에 아련한 그리움의 풍경을 고집하는 것은 실없는 욕심인지 모르겠다. 아슬아슬하게 남아있는 부락의 큰길이 그나마 이곳이 고향땅 흔적인 것을 증명해 주고 있다.

필자는 큰길을 기억의 중심에 두고 골목길을 찾는다. 실로 골목길은 추억의 보고寶庫다. 골목길은 집을 벗어나 넓은 세상을 나가는 통로요, 사람을 만나고 소통하며 상황을 경험하고 또한 집으로 실어 나르는 통로다. 동무와 어깨동무 하고 재잘거리며 놀이터로 빠져 나가는 유일한 길이고, 때론 부모의 징계를 피해 도망하며 줄행랑을 치던 피난길이요. 혼자 발맞추고 리듬을 타며 이리저리 깨금 뛰며 오던 길이다. 낮이면 주로 대나무가 바람에 부딪치는 쏴한 소리가 정겹지만 해진 캄캄한 밤이면 귀신이 나타날 것 같은 무섭고 머리끝이 쭈뼛한 공포의 길이었으며. 자주 만나는 물동이 이고 가는 아낙네들과 부딪쳐 흘린 찔끔 물에 머리, 옷을 적신 길이요. 급할 땐 옆으로 돌아서 대나무 밭을 향해 오줌을 갈기던 길이었다. 이렇게 집에서 백 미터에 못 미치는 좁은 골목길은 수많은 이야기들이 깃들어 있다.

따라서 필자는 이 골목길을 복원하고자 한다. 큰길에서 가지 치는 좁은 통로를 찾아 열심을 다할 것이다. 불행 중 다행으로 오로지 필자의 옛 집이 그곳에 살아 남아있다. 초가지붕은 기왓장이 얹었고 거기에다 방수를 위함인지 청색 우레탄을 쏴 올려졌다. 기둥과 처마 밑까지의 공간은 알루미늄 새시로 달아내어 마루가 안쪽으로 숨어 버렸다. 부락의 재개발에 가까운 변모에도 보존 되어 있는 태어난 집을 보니 뭉클한 감정이 북받친다. 주인이 몇 번이나 바뀠을지 모를 일이다. 그래도 패가로 남겨 두지 않고 다행히 부락 경로당으로 쓰이고 있다. 그러나 집 대문으로부터 모퉁이를 돌아 골목길로 빠져나가는 골목이 없어졌다. 새로 집들이 들어서면서 측량하고 토지 정비가 된 까닭일 것이다. 추억의 골목길이 없어졌으니 맘이 답답하고 먹먹하다. 그냥 자리를 떨 수 없는 욕구가 자석처럼 몸을 붙잡아 놓는다. 어떤 강한 향수에 이끌린다. 내친김에 추억속의 골목길을 복원하기로 했다. 건설 중장비를 동원해 길을 내는 공사를 할 수 있겠냐만 기억 속에 고이 간직 된 골목길을 복원하는 것이다. 길이 막히고 없어졌으니 몇 집을 돌아 큰길과 견주고 가능한 집과 담을 더듬어 옛 골목길을 복원한다. 옆집과 뒷집을 몇 바퀴 돌고 짐작해 낸 골목길이 마침내 큰길과 연결이 된다. 기어이 추억 속에 있는 길을 내고 나니 백수십년만의 혹서의 흐른 땀에 물에 빠진 생쥐 꼴이다.

추억을 더듬고 옛 것을 찾는 것은 현제의 나를 찾고 의미를 발견함과 같은 맥락이다. 막 마을 벗어나려는데 입구 쪽 건물의 출입구에 '오산 재개발 조합 사무소'라는 입간판이 눈에 들어온다. 조만간 모두 사라지고 바뀔 동네의 그림이 이튼 날 신문에 전면 광고로 실렸다. '해운대 중동 동부 센트레빌 아파트 모집 공고'다. 필자에겐 절묘한 조화로 다가온다. 수십 년 만에 들어 온 고향 땅을 밟고 현실에 남아있는 집을 보았다. 그리고 전설과도 같은 추억의 골목길을 복원했으니 얼마나 다행인가. 이제 곧 고향땅 오동잎을 닮아서 생긴 그 옛 이름 오산마을은 사라진다. 역사의 뒤안길로 흔적 없이 사라진다. 그러나 추억 속의 고향은 여전히 살아있다. 복원된 모습으로…….

> “날 때가 있고 죽을 때가 있으며 심을 때가 있고 심은 것을 뽑을 때가 있으며” **잠언3:2**

까치 집

해운대로 이사 온 아파트는 큰 도로를 낀 단지로 밤 낮 없이 시끄럽고 자동차 매연과 먼지로 인해 별로 건강한 환경이 아니다. 고향 땅을 밟아 감개무량한 때는 일 년이 되면서 별 감동이 없이 익숙함에 매몰 되고 만다. 도시환경이 그렇듯이 해운대는 상가와 주택가의 확연한 구분이 없다. 아파트에서 한 발짝만 내 띠면 각양의 상점과 점포들이 즐비하여 도시 전체가 혼잡하게 굴러 간다. 관광 도시라 그런 모양이다.

지난해 한 여름 건너편 신축 건물의 공사로 인해 먼지와 소음을 견디지 못해 필자의 아파트가 항의성 현수막을 내건지 일 년이 되니 설계상의 높이대로 거의 다 올라가고 있다.

집 앞 건너편이라 베란다에서 바로 눈앞에 들어와 기초 보링 공사부터 층층이 올라가는 현장을 감리 수준으로 살피게 된다. 도시 고층 건축의 필수 장비가 타워크레인이다. 그 육중한 장비가 설치 될 때가 한 겨울이었다. 차갑고 키 큰 기기는 천천히 좌우로 움직이며 무거운 자재를 들어 올리고 내린다. 창밖의 모습은 매일을 무심히 내다보는 것이지만 절묘한 타이밍이면 자동차 접촉사고도 눈에 들어 올 때가 있다.

겨울 어느 날 공사장 타워크레인 꼭대기에 까치 두 마리가 내려앉는다. 무심한 순간이지만 이상한 것을 발견한다. 어느 아파트든 창밖으로 새들이 가끔씩 날아 지나가는 것을 보게 된다. 때문에 별 관심이 없었으나 지금 목격한 장면은 예사로운 일이 아니라 까치가 집을 짓고 있는 것을 본 것이다. 그것도 도심에 공사 중인 저 위험한 타워크레인 꼭대기에 그들의 보금자리를 짓는다. 새들의 입장에선 높다고 위험한 것은 아니겠지만 하필 계속 움직이는 기계 위에 집을 짓겠다니 까치의 생태환경이 나빠졌음을 말하는 것일까.

까치는 예로부터 길조로 여겨왔고 필자의 어린 시절만 해도 사랑 받는 새였다. 아침에 집 마당 나뭇가지에서 까치가 울면 반가운 손님이 온다든지 또, 좋은 소식이 있을 것이란 등의 말이 은근히 그날을 기분 좋게 보내게 했다. 그러나 현재는 유해 조수로 취급 받고 있어 격세지감이다. 이유인즉 개발과 생태환경이 깨어지면서 까치의 개채 수가 늘어나 농촌과 과수원의 미운털이 되고만 것이다. 유해 곤충을 잡아먹는 긍정적인 면보다 각종 과일을 쪼아 과수의 피해를 발생시키기 때문이다. 또한 한국 전력의 전쟁 상대가 된지 이미 오래다. 주로 전신주에 집을 지으니 정전사고의 원인이 되는데 집의 재료가 나뭇가지뿐 아니라 철사나 쇠붙이가 들어있기 때문이다.

타워크레인 꼭대기 까치집을 바라보며 은근한 걱정은 까치집이 언제 뜯겨 나갈지 인데 까치는 필자의 노파심을 비웃듯 집을 완성하고 산란의 최적기 삼월 중순을 지나 6월로 접어들었으니 벌써 알을 낳고 새끼를 열심히 키우고 있는 중이다. 타워크레인 공사가 언제쯤 끝날 것을 알았을까 집을 짓고 가정을 꾸리며 새끼를 키워 독립시킬 충분한 시간을 알았을까 까치들의 생태시계는 본능적으로 돌아가고 크레인이 해체되기 전에 새들은 떠날 것이다. 까치는 번식 기에는 무리를 짓지 않고 쌍쌍이 흩어져 생활을 하는데 산속 키 큰 나무들을 낙점하지 못하고 도심 한 가운데 집을 짓는 것은 영역 싸움에서 밀려 나왔을지도 모를 일이나 경쟁에서 밀리면 열악한 상황으로 내 몰릴 수밖에 없다.

인생살이도 별다름 없다. 미물 세계에서나 있을 생존방식이 인간사에도 적용 되는 것이 현실이다. 약육강식은 부익부 빈익빈의 체계로 고착 된다. 까치가 나뭇가지를 물어 날라 얼기설기 집을 짓는다. 고된 일이다. 도심에서 집을 짓기란 숲속에서 보다 수 십 배나 수고로운 일이다. 도심에서 서민들이 집을 사기란 근사한 집은 고사하고 작은 평수의 집도 장만하기가 실로 어렵다. 계획적이고 규모 있는 생활설계를 한다 한들 수년 내에 내 집을 갖기란 하늘의 별을 따는 고생이다. 도심에서 어림없어 반촌으로 밀려난다. 어렵사리 집을 구하지만 직장이 멀어지고 자녀도 양질의 교육 수준 접하지 못하니 반전의 기회도 잘 주어지지 않는다.

까치는 타워크레인이 해체되기 전에 새끼들을 독립시키고 훌쩍 떠나면 풍요로운 산속으로 이사를 가지만 서민들은 터전을 쉽게 옮기기도 어렵지만 신분상승을 위한 이사는 언감생심이다. 자연 속에 조물주의 창조 원리대로 살아가는 고민 없을 것 같은 까치들이 부러워지는 세월이다.

허전한 고향 땅

유럽의 구 시가지를 여행하며 느낀 감동이 좀처럼 생각에서 떠나지 않는다. 반평생을 떠났던 고향을 밟았지만 떠나기 전 추억 속에 남아있는 그 아련했던 아무 곳도 찾지 못한 헛헛함이 서글프기 때문이다. 유럽의 구시가지는 멀게는 고대 유물부터 중·근세의 건물과 광장을 끼고 구획 된 시가지 등이 고스란히 남아있다. 물론 역사성을 인정받아 유네스코 세계 문화유산으로 등제 된 곳이 부지기수다. 우리나라도 천년을 넘어 빛나는 유물과 전통가옥이 서울북촌, 전주, 경주 양동마을 등 전국에 십 수 곳이 산재해 있다. 특히 양동마을은 세계 문화유산으로 등제 되어있음을 알지만 필자의 의미는 추억에 대한 생태적 그리움과 간절함이다.

유럽의 각 나라는 여러 전쟁으로 파괴 된 건물에 시간을 두고 복원해 도시 전체가 옛 모습을 그대로 간직하고 있으니 여러 가지로 부럽기 짝이 없다. 대부분의 건물들은 가볍고 다듬기 용이한 석회석으로 외장을 하고 안벽은 구운 벽돌로 두껍게 지어져 견고하여 쉽게 훼손 되지 않는다. 골목길을 비롯해 시가지의 도로들은 사각 조각돌을 박아 세월의 수레바퀴를 끊임없이 돌려도 태연자약하고 천연덕스럽게 자리하고 있다. 수세기를 거쳐 현대에 이르렀어도 여전히 사용하며 실제로 살고 생활하고 있다는 점이다. 따라서 거기서 태어나고 자란 아이들이 혹 고향을 떠났다가 성인이 되어 돌아오더라도 옛 고향 그대로이고 추억 또한 고스란히 간직 되어 변하지 않은 기억의 조각들이 현실에서 살아 반기는 것이다.

필자가 헛헛하고 서글프다함은 꿈을 키우며 순진 발랄하게 자라며 겹겹이 쌓였던 추억들은 돌아 온 고향땅에 풀어놓을 모퉁이도 남아 있지 않기 때문이다. 고향은 고향 땅이로되 흔적 없는 낯선 땅이니 어찌 안타깝지 않으랴……. 개발지상주의와 상업 논리에 밀려 고즈넉한 고향 마을이 사라져 버렸으니 참으로 허전하기 짝이 없다. 다행이 몇몇 토박이 친구들이 남아 고향을 지키고 있다. 하지만 그때 그들이 살고 가꾸었던 터전들은 타지 인들에게 이미 오래전에 넘어가고 기거하는 곳이 셋 살이 좁은 공간의 출입이다. 참으로 민망하다. '굴러온 돌이 박힌 돌 빼어낸다'란 말이 실감나는 형국이다. 그들에게 무슨 일이 있었을까? 그 시절 친구들의 부모들이 지니고 있던 논밭과 터전은 최소 몇 마지기를 넘어 박봉 공무원 아버지를 둔 필자의 달랑 한 채 집에 비하면 엄청 큰 부자 집의 자식들이었음을 기억한다. 놀며 왔다 갔다 들락거리며 눈여겨보았고 그때 보릿고개의 빈부격차는 작금의 현실과는 또 다른 세상이었으니 어림짐작일지라도 그들이 지금껏 터전을 지니고 있었다면 분명 땅 부자 소리를 듣고 있을 것이다. 그러나 친구들을 향한 상상은 거기까지다. 한 둘을 뺀 나머지 친구들의 실상은 곤고한 후반의 삶을 지탱하고 있으니 말이다. 따지고 보면 그 모두가 부모들의 재산이었고 부모들의 삶에 따라 빈부의 갈림이 있었을 것이니 어릴 때의 친구들의 희망이 끼어들 공간이 없었음을 부인할 수 없다.

어떤 이는 땅을 지키고자 하는 부모들의 남다른 노력과 의지가 있었을 것이고 어떤 친구는 부모의 파란만장한 삶의 굴레에 얽혀 훌훌 벗어나지 못한 사정이 있었을 것이다. 아니라면 어느 부모의 탓도 아닌 정작 친구들의 허망하고 무절제한 삶이었을지……. 허탄하고 부질없는 일에 세월을 낭비하지 않았는지……? 물려준 얼마의 재산을 키우고 보존은 고사하고 허랑방탕한 삶을 살지 않았는지……? 이런저런 추론은 가능할 지라도 더는 알 수가 없다. 피폐한 삶을 목격했을망정 그 누구든 살아온 인생을 새삼 간섭하고 나무랄 수 없다. 이미 변환 점의 한계는 지났으니까 오히려 자존심을 상하게 할 수 있으니 조심해야 한다.

고향 마을이 낯설고 친구마저 낯설다. '친구는 옛 친구가 좋고 옷은 새 옷이 좋다' 했다. 하여 수구초심 찾아온 고향에 그 무엇도 반기는 것은 없었다. 만날 것을 요청하기 수차례였으나 이들은 차일피일 회피로 일관한다. 이 쯤 되니 만남에 대한 부담을 느끼고 있음이 분명해 보인다. 필자가 목사임을 그들이 이미 알고 있다. 수년 전 알음으로 전한 책에 필자의 프로필에 신상이 나와 있었으니 모를 리가 없다. 그래도 오랜만의 친구라면 술잔을 기울이며 회포를 풀어야 재격

인데 신분상 고리타분하고 재미없는 상대임을 눈치 하는 것일까? 직업이 목사라 자기 인생에 주제넘게 간섭하며 왈가왈부할 것을 예단하며 거부하는 것일까? 아니면 현재 삶에 대한 자괴지심인가?

인생살이 이순을 넘기면서는 그간의 삶에 대한 성적표를 받게 된다. 삶에 대한 열정이 신실과 성실로 일관했다면, 고난과 시련, 좌절에 대한 치열한 싸움이 있었고 세상 앞에 부끄럼이 없다면 조금 덜 가졌어도 조금 못 났어도 성공한 인생이라 할 것이다.

조물주의 변하지 않는 진리의 법칙은 심은 대로 거두고 행한 대로 값아 주시기 때문이다. 친구들아 빨리 만나자. 인생을 논하지 말고 얼굴을 맞대자. 실행 없는 전화질은 그만하고 나와서 만나자. 세월이 흐를수록 육신은 후패하여 몰골이 처량해도 괜찮다. 보톡스, 필러가 좋다한들 나이가 어디 가겠느냐…… ? 많이 가졌다고 그것을 가지고 가겠느냐……?

> "우리의 연수가 칠십이요 강건하면 팔십이라도 그 연수의 자랑은 수고와 슬픔뿐이요 신속히 가니 우리가 날아가나이다."
>
> **시편90:10**

고향으로 이사

이젠 진짜 마지막 '이사'다라며 골육들에게 통보를 하니 막내 동생 왈 "이사 달인 형님! 수고 하세요"라는 문자를 답해온다. 달인이라는 호칭은 어떤 분야에 통달한 기예를 가진 사람을 일컫는 말이다. 이사 달인이라니? 이삿짐센터 직원이라면 몰라도 띠 동갑 형을 향한 말 치고는 그 의미가 남다르다. 나름 평소에 형을 지켜보던 소회쯤으로 이해된다. 삶은 그렇다. 어쩌다보니 자타가 입에 올리는 이사 달인이 되었고 이제 사 그 대미를 장식할 요량이다.

이사 날을 일주일 앞두고 이삿짐센터에서 미리 짐을 파악하고 계약하기 위해 들렀다. 포장이사와 일반이사로 나뉘고

비용도 달라진다. 이사 때마다 당하는 일이지만 서른 번쯤 이사를 하는 동안 필자는 포장이사를 해 본적이 없다. 비용이 문제일 때도 이었지만 손수 짐을 싸고 포장하는 일이 맘이 편했기 때문이다. 성격상 이사전후를 막론하고 집은 항상 정돈이 잘 되어있는 편이다. 그것은 언제든지 떠날 준비가 되어 있다는 뜻인지 모르겠다.

과거에 비해 이삿짐센터의 용기들이 크기별 용량별로 만들어져 옷, 이불, 책 박스가 편리하게 사용 된다. 옛날에는 유리와 사기그릇들은 신문지나 종이로 둘둘 말아 싸서 포개니 이사 도중 충격으로 깨지는 일이 빈번했는데 지금은 플라스틱 바구니와 기포비닐이 완충하니 이삿짐센터의 시대에 따른 변화를 보게 된다.

해운대 중동 오산부락에서 태어나 14년 만에 떠난 타 향길은 회자 되는 말로 파란 만장한 세월로 점철 된다. 어느 인생이건 된비알의 시기와 찔통의 안타까운 사연이 있음이다. 물론 타고난 시절과 만난 부모와 제 환경이 지금과 격세지감인 격동과 핍절의 시절부터 이사는 시작 된다. 5~60년대의 공무원의 박봉은 고스란히 가정에 던져져도 일곱 식구에게 입에 풀칠하기도 빠듯했지만 술집에서 먼저 털린 허허한 봉투는 어머니의 애간장을 다 녹이고 내내 궁핍한 세월 그 자체였다. 어쨌거나 공무원의 옷을 벗지 못하니 정근 발령이 나면 송아리 같은 식구가 대동하여 전근 처로 따라 붙는다. 그땐 공무원의 전근이 근무 평점에 따라 2년 남짓한 기간으로 변방을 돌려 댔다. 아버지가 마침내 여러 지방을 돌아 다시 해운대 우체국으로 돌아와 퇴직을 하기까지 열 번의 이사를 했다.

부전자전이랄까 필자도 소싯적부터 이런저런 환경으로 이사를 밥 먹듯이 하다 보니 얼추 서른 번 정도의 민망한 기록을 가지게 되었다. 기록이라 함은 기억하고 있는 이사가 아닌 주민등록 등본 상 따라 붙은 기록을 말함이다. 공적서류가 필요해 요청할 때 동직원은 남들보다 두어 장 더 붙여 호치키스로 찍어 내민다. 이사를 많이 함에는 사는 형편이 녹녹치 않았음을 눈치 챌 수 있다. 풍상질곡의 시대에 태어나 물려 받은 물질 없었고 온전한 교육 환경에 맞닥치지도 못하였고 누릴 환경은 더욱 아니었으니 극복을 위한 몸부림은 이사가 탈출구가 되었음이다.

이사는 세월을 담고 떠난다. 거기에는 식구가 불어나고 세간이 늘어나며 희로애락이 덕지덕지 붙는다. 따라다니는 올망졸망 어린 것들의 고생도 서려있다. 서른 번 이사의 세월을 뒤로하고 이제 참으로 마지막 같은 이사를 앞두고 떠오르는 단상은 따라 붙던 과년의 두 딸이 떨어져나 갔다. 그러나 떨어지지 않는 것인지 버리지 못한 것인지 수십 년에 한 번도 쓰지 않은 세간들이 끝까지 따라 붙는다. 모두가 뻔히 아는 짐들이다. 떨쳐 버리지 못하면 나중에 자식들이 치워야 할 짐들인데 말이다.

이사는 정리하고 버리고 떠나야 하는 길인지 모른다. 이사의 종착역이 고향이라면 가기 전에 구차한 짐들을 내려놓고 단순한 차림이 되어야 한다. 신앙의 관점에서 인생길은 어쨌든 나그네 길이요 영원히 돌아갈 고향은 저 하나님의 품이니 억매이기 쉬운 모든 짐을 내려놓고 오라 부르실 때 홀연히 떠나야 한다.

금의환향이란 물신주의, 출세지향주의자와 배금주의자들이 거들먹거리며 고향을 찾을 때 칭송하는 말이 될 수 없다. 떠나있는 세월동안 순전하고 가치 있는 삶을 지향하고 고상한 인격과 품격을 갖춘 자가 수구초심으로 소망하던 곳을 찾는 것이리라.

나이가 들수록 어디든 안착하고 덜 움직이고 싶다. 고향으로 들기 전에 살던 집도 거기가 남은 때를 보낼 집으로 여겼으나 그렇지 못하고 일 년하고 두 달을 겨우 채우고 떠나게 되니 사람의 계획과 앞날은 이거다 할 일이 없다.

"사람의 마음에는 많은 계획이 있어도 오직 여호와의 뜻만이 완전히 서리라" **잠언19:21**

들뜬 맘으로 한밤을 세우고 마침내 오십 여년 만에 고향으로 들어오는 느낌은 이내 너무나 낯선 땅으로 눈에 들어온다. 고향의 현실은 꿈에 본 고향이 아니다. 고향은 고향이로데 옛 모습은 손톱만큼도 남아 있지 않고 온데간데없다. 내 고향 해운대는 특히 그러하다. 여름이면 멱 감고 해엄 치고 겨울이면 신나게 스케이트 타던 못에 아파트가 건방지게 서 있다.

옛 큰길은 억지로 남아있고 골목길과 셋 길은 모두 사라졌다. 고향의 흔적이 없으니 이곳이 곧 타향인 셈이다. 허망한 맘을 달래기가 얼마나 걸릴까? 정신이 차려지면 궁금한 고추 친구들을 찾아 볼 것이다. 터전을 지키고 사는 자들이 얼마나 있을려나……. 아~ 필자의 고향은 꿈속과 추억 속에 있을 뿐이다.

그 땐 왜~

고향 땅 해운대에 들어와 살면서 내가 가장 열심히 사는 모습 중에 하나가 별일 없으면 의지를 다해 오르내리는 달맞이 언덕 갈맷 길이 있다. 얼마를 걸어 운동기구가 놓인 곳에서 근력을 키우고 왕복 3~4km 정도를 다녀온다. 걷기와 기구운동을 합해 약 두 어 시간의 소요는 습관적 일상이 되었다.

갈맷 길 코스에서 비끼듯 스치듯 지나가는 사람들의 모습은 각양각색이다. 나처럼 운동 삼아 차림한 사람들이 있는가 하면 관광 코스로 발길 한 맵시차림의 사람들도 지나간다. 두어군데 전망대는 해안가와 넓은 바다를 배경삼아 갖가지 포즈로 카메라를 눌러대는 여행객이 끊이지 않는다. 오솔길로 접어들면서는 다가오는 사람들의 얼굴을 보게 되는데 모두의 표정은 다양하다. 혼자 걷는 사람들은 대개 무표정이고 동무나 끼리끼리의 모습들은 밝고 제스처를 곁들여 무슨 말이든 줄줄이 엮어내며 걷는다.

혼자 걷는 사람들은 맘의 생각들을 속으로 곱씹으니 들을 소리가 없다. 그러나 같이 걷는 사람들의 말은 엿듣게 된다. 소음이 있는 길거리나 광장에서는 들리지 안 튼 무심한 소리들이 오솔길에서는 몇 발짝 앞부터 들리고 지나가는 동안 짧지만 말의 의도를 짐작케 한다. 물론 들리는 말은 필자의 영양가 없는 예민함 탓일 수도 있겠지만 연세 지긋한 분들은 간혹 혼잣말을 하며 지나간다. 누구와의 말동무가 없어 속에 깊이 묻어 두었던 심사를 독백하는 것인지 모를 일이다.

오늘은 40대 중반쯤 친구사이로 보이는 여자 너 댓 명이 앞 서 거니 뒤 서 거니하며 지나가며 나누는 얘기가 솔깃하다. 그 중 한명의 말인즉, “내가 그때는 왜 깨닫지 못했을까” 그 말은 명징한 울림으로 뒷전을 때린다. 다시 말해 “그 땐 왜 그랬을까”이다. 그 사람들은 순간 지나갔지만 말의 여운은 귓가에 맴돌고 있다. 생각 건데 이 말은 모든 생활인의 삶에 던져지는 명제가 될 수 있다.

살아가면서 우리는 어느 누구이든 그들의 기대에 일매지게 행하지 못한다. 지난날에 처한 형편에다 부족한 능력과 어리석은 판단들은 어쩔 수 없는 아둔패기가 되고 시간이 흐른 후에야 뒤를 돌아보게 된다. 우리는 누구든 지난 일들 앞에 '그 땐 왜 깨닫지 못했을까' '그 땐 왜 그랬을까'를 심경에 후회의 회초리를 들지만 그것이 인간의 한계다. 자의적인 그릇 행함은 자책과 후회로 양심의 방망이질을 당하지만 인간은 본질적으로 악하기 때문에 의로운 삶을 살 수 없다.

> "기록된바 의인은 없나니 하나도 없으며 깨닫는 자도 없고 하나님을 찾는 자도 없고 다 치우쳐 함께 무익하게 되고 선을 행하는 자는 없나니 하나도 없도다." **롬3:10-12**

성경에 예수님을 3년이나 따라다니며 숫한 기사와 이적을 곁에서 보고 느꼈음에도 알지 못하고 깨닫지 못하고 둔한 제자들이 책망 받는 일을 당한다. 광야 들판에서 복음을 전하시고 날이 저물고 무리들이 시장함을 아시고 떡 다섯 개와 물고기 두 마리로 축사하시고 오천 명을 먹이고 열두 광주리를 거둔 일과 또, 한 날 떡 일곱 개와 생선 두어 마리로 사천 명을 먹이시고 일곱 광주리를 거둔 후 무리를 흩으시고 건너편 바다를 가기 위해 배에 올랐을 때 제자들이 떡을 못 가지고 온 것 땜에 수군거리는 것을 아시고 하신 말씀이다.

> "예수께서 아시고 이르시되 너희가 어찌 떡이 없으므로 수군거리느냐 아직도 알지 못하며 깨닫지 못하느냐 너희 마음이 둔하냐 너희가 눈이 있어도 보지 못하며 귀가 있어도 듣지 못하느냐 또 기억하지 못하느냐" **막8:17-18**

제자들도 예수님의 부활 후 승천하시고 능력을 받아 변한 인격과 성품 이전에는 여전히 어쩔 수 없는 둔하고 어리석은 인간에 불과했다. '왜 그랬을까'의 깨달음은 인간만이 가지는 회복이란 기회의 통로로 나아가는 것이다. 회복은 실천의 열매이기에 행함이 없으면 빈 깡통이다. '행함이 없는 믿음은 죽은 것이다'는 세상 끝 날까지의 실천 강요이다.

'그 땐 왜 깨닫지 못했을까', '그 땐 왜 그랬을까'는 과거 진행의 자책 적 고백이라 할 수 있다. 때 늦은 후회와 회심을 담은 말이 분명하다. 살아가면서 관계로 인한 부 적응, 선부른 판단과 오해 등은 사회생활이든 부모 된 자든 자식이든 서로를 향해 이해하며 용납하고 배려하지 못한 일들, 더 나아가 사랑으로 보듬지 못했던 일들 앞에 성찰의 순간이 될 수도 있다. 성찰의 기회는 우리의 양심을 춤추게 한다.

기다림의 단상

오랜 객지 생활을 접고 고향 해운대에 들어와 살게 되면서 경험하는 새로운 것이 한 둘 아니다. 반평생을 넘긴 세월은 그냥 흘러간 시간이 아니었고 고향땅은 천지개벽의 환경으로 바뀠다. 부산시와 해운대구는 지역적 특성을 살려 관광특구로 지정하고 관광도시로 변모 시키고 있다. 무엇인들 변하지 않고 그대로 있을까. 여가와 풍요로움을 만끽할 수 있는 인프라가 충분히 구비 된 도시 환경이다.

예부터 해운대는 온천과 바다를 낀 천해의 환경으로 조선팔경으로 불리었고 국제 관광 도시로 발전할 여지가 있었다. 연기 없는 굴뚝 산업인 관광 산업은 시대의 요청에 따라

급속한 변모를 가져 오고 있다. 먹 꺼리, 볼거리, 쉴 거리에 손색이 없으니 외국 관광객이 많이 찾아 바깥출입을 할 때 면 동. 서양인 할 것 없이 눈에 띄고 언어가 혼잡하다. 따라서 높은 수준의 생활비를 요구하니 격에 맞춰 살기는 만만찮다.

건강을 위해 가장 경제적이면서 쉽게 맘을 낼 수 있는 꺼리가 걷는 운동이다. 요즈음은 여느 지자체나 어지간하면 거의 산과 해변을 오르내릴 수 있는 편한 길을 조성해 놓았다. 해운대도 해변 로를 따라 동백섬을 순환하는 멋진 길도 있지만 동쪽 산언덕을 따라 미포, 청사포, 송정으로 이어지는 달맞이 갈맷 길은 천하일품 걷기 코스다. 해안 중턱을 끼고 곰솔과 사스레피 나무 향을 맡으며 아래로 부서지는 파도 소리가 귓전을 때릴 땐 건강지수가 절로 올라간다.

강건하다는 말은 영육 간 균형 잡힌 리듬을 유지하는 것일진데 그것은 의지를 동반한 끊임없는 자기관리를 전재로 한다. 의지가 약하거나 게으르면 어떤 건강도 유지할 수가 없다. 따라서 운동은 장래를 위해 무일푼 건강보험을 드는 거나 다름없다. 나이든 자들에겐 자신뿐만 아니라 자식들을 위한 보너스가 되는 셈이다.

별일 없으면 습관처럼 정해진 코스를 따라 걷게 되는데 오늘도 여전한 길을 지나다 한 무리의 노인네들을 스쳐 지나간다. 그들의 운동이란 주로 가깝고 평 이한 길목을 택해 걸으나 얼마를 못가 계단 턱이나 벤치를 찾아 앉는다. 대부분 무릎 관절이 시원찮기 때문이다. 나이가 드니 퇴행성관절염을 앓아 절뚝거리기 일쑤다. 며칠 간 미세먼지로 탁하던 하늘이 오늘은 구름사이로 희끗희끗 파란 색이 들어나고 모처럼 맑은 공기를 마시러 나온 사람들로 갈맷길 입구는 삼삼오오 앉은 노인들이 보인다.

그 중 칠십대 중 후반으로 보이는 할머니가 지팡이를 짚고 일어서는데 누군가 동시다발로 내 뱉는다. “와~ 일어나노~? 누가 기다리는 사람이 있나? 할망구야~!”같은 처지를 뻔히 알며 해가 중천에 있는데 먼저 일어서는 또래를 향해 일갈하는 것이다. 그들은 당연한 듯 무표정이다. 기다려 줄 사람 없고, 기다릴 사람도 없다는 체념에 가까운 일침이다. 잠깐 스쳐 지나가는 상황이 뒤통수를 때리며 묘한 의미로 철학적 질문을 하고 있는 것이다. 그렇다면 사람들에 있어 ‘기다림’이란 무엇인가? 어쩌면 인생살이 산전수전 다 겪고 기력 없는 노인네들에게 더 간절한 것일 수도 있다.

박영로 시인의 '기다림을 훔쳐보기'에서 "~해질 무렵 낡은 집 앞을 지나다 툇마루에 저녁놀을 마주하고 있는 노인을 바라본다. 누군가 기다리며……, ~새들조차 날아들지 않는 기다림이 가득한 집……" 그렇다. 그러나 그 간절한 기다림은 속절없고 각박하여 늙은이를 홀대하는 세상풍조로 쉬이 찾아오지 않으니 안타깝고 처절할 뿐이다.

기다림은 인간관계의 줄을 놓지 않고 잇대고 있을 때 가능하다. 또한 기다림의 객체를 향한 배려의 문을 열어 놓을 때 기다림은 성립 되는 것이다. 성경에 집 나간 탕자를 기다리는 아버지가 있다. 그 많은 재산을 미리 상속 받아 떠나서 모두를 탕진하고 거지꼴로 돌아오는 아들을 문 밖에서 기다리다 마침내 용서하며 측은히 여겨 목을 어긋 대며 품에 안아주는 기다림이 있다. 아들의 과오를 사랑과 용납의 끈으로 붙들고 있었음을 보게 된다. 그렇다면 기다림에는 사랑이 자리하고 있음이 분명하다. 숭고한 아가페의 사랑이 있는가하면 남녀 간 애정의 기다림은 동의어인 그리움이 먼저이고 결실을 위한 시간일 것이다. 부모가 되고 자식을 양육하며 기다리는 것은 그들이 잘 되기를 바라는 애틋한 소망이 담겨 있을 것이다. 그러나 부질없는 기대와 욕심의 기다림이었다면 낙심과 실망도 따라 오는 법이다. 또한 모든 기다림에는 인내가 요구 된다. 특히 노도질풍의 시기를 지나는 자녀들이 있다면 이해와 관용의 시간들이 더 필요할 것이다.

장래를 위해 고군분투하며 날밤을 새는 젊은이들의 기다림이 있다면 꿈과 희망의 끈을 놓지 않아야 할 것이고 꿈을 실현하기는 수고와 좌절하지 않는 노력이 수반 될 때 기다림의 기쁨을 누릴 수 있을 것이다.

하나님은 구약 선민 이스라엘 백성을 통해 인류를 구원코자 사랑의 언약을 맺었으나 그들은 악한 백성으로 타락하고 멸망의 길로 걸어 돌이킬 수 없는 죄악상에 놓였다. 수 만 번의 회개 기회의 문을 열고 그 계약을 성취 하고자 또 다시 돌이키기를 기다리며 사랑의 손짓을 하셨다.

"여호와께서 말씀하시되 오라 우리가 서로 변론하자 너희의 죄가 주홍 같을지라도 눈과 같이 희어질 것이요 진홍

같이 붉을지라도 양털 같이 희게 되리라" **사1:18**

오늘 날도 하나님은 죄악 중에 있는 인간들을 향하여 한없는 사랑과 인내로 돌아오기를 기다리신다. 무엇과도 비교할 수 없는 아가페의 기다림, 하나님의 사랑의 기다림을 영접하자. 그 기다림 끈의 속으로 들어갈 때 구원의 역사는 이루어진다. 아가페 사랑에 순복하자.

외상 장부

인류의 문명은 급속한 발전을 거듭하지만 인간성은 나날이 피폐해져 가고 이기의 극단을 향해 달려가고 있다. 관계에서의 갈등을 참지 못하고 분노의 조절 기능이 마비되어 앞뒤의 상황에 맹인이 된다. 여러 사회현상은 황폐화로 가고 회복의 길은 요원하다.

전북 군산의 한 나이트클럽에서 불이나 4명이 목숨을 잃고 십 수 명이 상해를 입은 사건이 일어났다. 발단은 외상값이다. 방화범은 값한 외상값을 갚 지 않았다는 클럽 주인과의 다툼이 이런 끔직한 사고로 이어지고 말았다. 내용인즉 외상이 10만원인데 20만원이라는 업주의 말에 증명할 방법을 찾지 못하고 끓어오르는 분노를 참지 못해 지하업소에 기름을 붓고 말았다. 결국 10만원의 차이 때문에 졸지에 당한 아까운 생명과 사고 후유증은 안타까움을 더하고 있다. 외상거래는 유사 이래 인간의 삶 속에 뿌리내려 지금껏 아니 사람과 사람사이의 물적 거래가 있는 한, 지속되고 작동할 것이다.

필자는 여남은 살부터 부모들의 외상 거래 사이를 오가며 받은 상처가 많아 기억이 뚜렷하다. 핍절했던 그 시절은 동네 구멍가게엔 외상장부가 걸려있었고 가게 주인이 용인하는 만큼의 거래가 이루어졌다. 기한 내에 장부정리에 어김이 없으면 신용이 높아 군소리 없이 물건을 내 줄뿐 아니라 표정도 밝아 다툼이 별로 없으나 장부상에 길게 그어 정리한 줄이 없고 촘촘한 줄이 이어진 목록이 살아 있고 달수가 오래되면 문제는 달라진다.

그 시절에는 코 밑에 풀칠이 어려웠던 때라 다급하게 가게를 찾지만 우리 집은 신용불량으로 낙인 찍혀 더 이상 거래가 막히고 만다. 최소한 한 달 치의 외상은 값아 야 하고 다음 달은 가게 주인의 눈치를 살펴야 하는데 나는 어느 가게 어떤 외상장부의 실체도 모른 체 어머니의 심부름에 곤욕을 치른다. 어른들은 대면할 면이 서지 않으니 아이를 보내는 상황을 그때는 몰랐고 거절을 당하고 허한 발걸음을 해야 하는 무거운 다리는 궁핍함을 더했다.

특히 먼 거리 저자에 쌀을 팔러 갈 때와 가게 주인으로부터 퇴짜를 맞고 돌아 설 땐 부모님이 한 없이 원망스럽다. 이 길로 올라가면 무엇으로 때를 이을 것인가란 생각에 이르면 성장기에 잘 먹지 못한 시절이 부모의 탓으로 돌리고 원망하기는 주저함이 없다.

아버지는 알량한 공무원이라 하여 윗대로부터 사촌 네들처럼 손바닥만큼의 밭때기도 얻어 걸리지 못하고 생활필수 먹 거리를 전부 시장이나 동네 가게를 이용해야 했으니 여러 가게로부터 외상을 달고 산다. 값을 것을 믿고 기다리는 가게 주인은 공무원의 일정한 봉급날을 목이 빠져라 기다리지만 날이 지나도 장부 정리할 사람은 나타나지 않고 애먼 자식을 앞세워 또 염치없는 거래를 요구하니 어느 누군들 빚 때문에 빗을 질까….

동네가게는 가끔 외상값 때문에 다툼이 일어난다. 약속 날짜에 값 지 않은 일로, 분명 값은 것을 장부정리가 안 되어

묵살 당하는 일로, 그것은 피차 요즈음처럼 영수증이 생활화 된 시절이 아니었기에 가게 주인은 받은 외상값을 장부상에 어떤 이유에서든 가로줄 쳐 지우지 못한 실수가 있을 수도 있겠고 또 빚 진 사람은 갚은 것으로 착각해 우기는 경우도 있을 것이다.

경북 예천군 풍양 면에 가면 삼강 리 의 옛 나룻 터가 있고 백년이 넘은 주막이 하나 있는데 조선시대 마지막 주막으로 '유옥련' 할머니가 그 주인공이다. 90세로 세상을 떠나기까지 70년 동안 주막을 지켜왔고 다시 복원하여 관광객이 줄을 잇는다. 이곳에 특이한 볼거리로는 외상 장부가 부엌의 안팎 흙벽에 부지깽이로 표시한 자기만이 알 수 있는 줄이 있는데 짧은 줄은 대포 한 잔 , 긴 줄은 한 주전자로 그어져 있다. 길게 그어진 줄은 외상값을 모두 갚은 표시다.

유옥련 할머니의 장부 방식은 작금의 지식체계로 이해할 일이 아니다. 기억에만 의존할 수 없기에 그럼에도 나름 최선의 지혜를 동원한 기록 방법일 것이다. 지금의 금전 거래에는 상호 이익 추구에 빈틈이 없는 세상이다. 빌린 돈에 하루만 지나도 연체 이자가 붙고 사체의 경우는 더더욱 추심으로 시달려야 한다.

예전에는 가게 주인이 외상장부에 기록할 때 연필심이 어두워 혓바닥 침을 발라 꾹꾹 눌러 적는다. 기록이 희미해지면 확인이 재대로 안 돼 시비가 생길 것을 염두에 둔 재미있는 모습들이 있었다.

집에서 그리 가깝지는 않지만 자주 이용하는 동네 가게가 있다. 주로 주말 산책을 마치고 마지막 코스쯤에 만나게 되는 과일 가게인데 곁들어 약간의 채소도 구색을 갖춘 집이다. 가게 주인은 몸집만큼이나 인심이 후해 덤으로 얹어주는 여유가 부담스럽지만 마트나 편의점에서 볼 수 없는 훈훈한 인정을 느끼게 해 즐겁다.

산책에 필요한 복장은 비교적 간단 홀가분한 차림이다보니 옷을 갈아입으면서 돈을 챙겨 넣지 못한 체 가게를 들른 것이다. 여느 날처럼 몇 가지를 사고 양손에 봉지를 들고 계산을 해야 했는데 호주머니가 비었다. 오늘따라 싱싱한 놈으로 덤까지 챙겨 받았는데 막상 계산할 돈이 없으니 어이가 없다. 순간 내뱉은 말이 "외상을 해야 되겠는데요"반신반의 모면 성 던진 말인데 가게 주인의 반응은 즉각적으로 돌아온다.

"그렇게 하세요, 다음에 주시면 되죠 뭐"속 마음은 어떤지 모르지만 밝은 표정으로 흔쾌히 대하니 민망하지만 고마웠다. 바쁘게 돌아가고 불신으로 가득 찬 도회지의 속성상 신뢰관계가 잘 이루어지지 않음에도 불구하고 몇 차례 거래를 통해 사람을 잘 봤는지 떼먹고 도망갈 사람으로 여겨지진 않았구나 싶으니 다행이라 생각 되어 묘한 기분이 든다. 반평생을 지난 오늘 추억에만 있을 거란 외상거래를 하는 순간이다. 외상장부 주인과 빚 진자 간에 정겹고 무한 신뢰의 시절이 그리워지는 세태다. 모든 거래에는 외상이 없을 수가 없을 것이니….

제4부

가을의 단상

첫째가 두 번째 되는 날

첫딸을 낳으면 살림 밑천이고, 비행기 탄다는 회자 되는 말이 영판 맞아 떨어진다. 딸딸이 아빠가 비행기를 두 번 거푸 타게 됐으니 남이 들으면 시샘이 날 신바람 나는 일이다.

한 달간의 동유럽 여행을 다녀온 것은 작은 딸. 사위의 초청으로 이미 6개월 전 일이였고 시방은 해가 바뀐 정월 초로 큰딸. 사위가 일본 동경으로 불러들인다. 해외여행에 일천한 탓에 거의 하루가 걸려 올랐던 동유럽의 여행은 즐거움에 앞선 긴장과 두려움이었다면 동경은 지척의 나들이쯤으로 편한 느낌으로 다가온다. 시간적 거리상 그러하다.

큰 여식과 둘째는 4년의 터울이다. 결혼 또한 나이 터울대로 하여 인생의 선배로 살고 있다. 큰딸이 일본으로 들어 간지 13년만의 초청이다. 이제 사 부모를 부름은 생각에 따라 한참 늦은 감이 있다. 그러나 핑계하지 못할 삶이 있었음을 짐작한다. 이역만리 더군다나 삶이 요동치는 동경의 도시 환경에서 지금까지 지탱하고 터를 일구어 내고 있다는 이들의 삶의 의지와, 환경을 극복하고 목표를 향한 투지와 근성이 있음이다. 따라서 이들을 충분히 이해하지 못한 부분 또한 분명할 것이다.

공항에서 도착을 기다리는 권속들을 반갑게 맞는다. 막내 늦둥이 손자 녀석이 품안으로 달려 안긴다. 생짜 같은 비린내가 그 새 의젓함과 산뜻함으로 바뀌었다. 덧없이 흐르는 세월만이 아님을 이들의 생기에서 충분한 보상이 된다. 동경에서 가까운 하네다 공항은 인천에서 출발한 여객기의 도착지이고 김해에서는 나리타공항으로 정해진 탓에 두어 시간을 달려야 집까지 출입이 가능하다. 사위가 독일 SUV 신형차를 몰아 공항을 빠져나온다. 첨단 장치를 한 차라 승차감이 좋다. 악셀을 밟는 사위의 오른쪽 허벅지에 굵은 힘이 실리고 차는 주인의 의지에 따라 거침없는 질주로 답한다. 어쩌면 수년을 절치부심하며 치열한 삶의 터전을 이루고 오늘에야 부모 앞에 괄목상대로 나타나기를 기다린 뚝심으로 보인다. 그러나 그것은 허세가 아닌 확신으로 다가옴은 어쩜인가…….

일본의 정월 초 연휴 끝자락이라 한참을 달리나 집까지는 도로 정체가 없어 수월하게 도착한다. 도쿄만을 낀 동쪽 신흥 주택가에 우뚝 솟은 56층 타워 빌딩에 내려놓는다. 앞 동의 꺽다리 건물에 햇살이 가려 으스스한 느낌을 뒤로하고 곧장 건물 입구로 들어서니 고급 아파트라 이중 삼중 보안 시스템을 통해야만 한다. 승강기에 올라 46층에 이르는데 고층에 적용된 승강기는 그 빠르기가 현기증을 일으킬 속도다. 기압차로 순간 귀고막이 찡한다.

서울도 마찬가지겠지만 한 나라의 수도에 살려면 그만한 노력과 수고의 밑천을 담보로 한다. 더군다나 객지의 사람이라면 그렇고 이역만리 타국이라면 두말할 나위가 없다. 지금 이들은 동경시내 소위 '부촌'이라는 곳에 보금자리를 틀고 있다는 것이 믿기지 않고 우려감이 심경을 무겁게 한다. 집안에 들어서자 사위는 커튼을 걷으며 동경시내를 소개한다. 높은 데서 시야에 들어오는 탁 트인 장관은 입을 열기에 충분하다. 건물의 높이가 제공하는 멋진 환경이고 선물이다. 아파트의 입지가 계획지라 동경만의 오밀조밀한 바다 물길과 절묘한 조화를 이루고 있다. 낮도 좋지만 밤의 풍경은 최고의 볼거리로 전 방위 파노라마의 불빛 세상으로 특히 동경타워와 스미다구에 세워진 634m의 세계에서 가장 높은 자립식 전파 탑 '스카이 트리'의 오색 칼라의 쇼는 환상적이다.

딸. 사위는 부모에게 이 순간을 보여주기 위해 불철주야 노력했고 사업이 궤도에 올라 안정적 국면이지만 이들은 계속 노력하고 있음을 보여 주고 있는 것이다.

둘째가 결혼 후 짧은 해 동안에 저들의 휴가기간을 부모와 함께 보내기를 수차례나 했고 또한 환갑 기념일은 제주도 여행까지 다녀오게 했다. 특히 사위가 해외 주재원으로 근무하며 한 달간의 유럽 여행을 제공했다. 큰딸. 사위가 일련의 상황을 모를 리가 없다. 그러나 침묵하며 때를 기다렸을 것이고, 동생 앞에 미안한 감정도 눌렀을 것이고, 상하는 자존심도 내려놓았을 것이다. 어느 자식이 부모를 즐겁게 모시고 싶지 않으랴…….

인생은 순서가 뒤 바뀐다. 앞서거니 뒤서거니 삶을 이어간다. 이들의 13년 만에 초청은 이렇게 살고 있노라고 이렇게 살아 왔노라고 웅변하고 있음을 목도한다. 큰딸, 사위는 잘 만난 부부다. 사위의 고백적 표현들이 식지 않는 아내에 대한 사랑을 확인 시켜주고 있기 때문이다.

인생은 다양한 삶의 방식을 따라가며 앞서고 뒤서고 하며 나름으로 이루기도 하고 족적을 남기기도 하나 허망하고 속절없이 인생을 낭비하는 인생도 허다하다.

부모 된 자로 기다려 주지 못하고 편협하고 몰이해한 것으로 인해 상처를 주지 않았는지 부끄럼이 몰려온다. 두 딸. 사위 모두 긴 인생의 여정을 걸어갈 것이다. 순서에 개의치 않고 알곡 같은 삶을 가꾸어 가기를 축복한다. 첫째가 두 번째 되는 날을 돌아보며 심한 자책감에 빠진다. 애들아~ 에비가 미안하다.

늘 엄마, 간혹 엄마

해방 이후 동족상잔의 난을 지나는 동안 정치 사회적 혼란과 경제적 핍절하고 암담한 시절에도 가정마다 낳은 자식 수는 풍년이었다. 각 집마다 가족계획이랄 것도 없이 생기는 대로 생산 했으니 식구가 많은 집은 부모를 포함해 보통 여덟 명에서 열 명은 족히 되었다. 궁핍한 환경에 의료의 힘을 빌리거나 가족계획 같은 것은 생각 밖의 일이었다. 따라서 한 집에 거의 한두 명은 환경적 요인으로 살아남지를 못했다.

입에 풀칠하기도 힘든 세월이었고 '제 먹을 것은 갖고 태어난다.'는 말은 허언에 불과했으며 입살 이를 위해 뿔뿔이 흩어지는 식구들은 양자, 양녀, 혹은 머슴, 식모 등으로 이름 붙여 나뉘었다. 밭떼기라도 없는 집은 당장 먹을 것을 찾아 유랑생활을 해야 했으며 그때 그 이후로 피난민은 피난민대로 이산가족도 많이 생겨나게 되었다. 배울 때를 놓쳤으니 무식자가 많았고 쌓은 지식과 교양이 없으니 가정과 사회에 무절제한 원초적 폭력이 난무했다. 질서 의식이 없어 거리와 공공장소는 지저분하고 더러웠다.

그 험난한 세월을 살아온 이들이 지금의 칠십 중후반에서 팔십대 노인 들이다. 작금의 발전하고 변한 세상 앞에 수고와 인고의 과실을 누리기에 합당한 이들이지만 자식과 사회로부터 온전한 대접을 받지 못하는 각박하고 흉흉한 세태가 되어가고 있다. 부모들의 자식을 향한 헌신이 있었기에 각 분야에서 급속한 경제성장의 보조를 맞출 수 있었고 우리가 이만치 살게 되었음을 부인할 수 없다.

압축 성장에 따른 도시화와 핵가족화는 고유한 전통과 윤리의식이 훼손 되고 이기적 가치관 아래 매몰 되어가고 있다 할 것이다. 지금은 풍상의 세월을 살아오면서 자식을 향한 도움의 손길들이 맥을 놓았음에도 자식들로부터는 봉양의 손길은 닿을 듯, 끊어질 듯, 황량한 무관심의 정서가 뿌리를 내리고 있다. '하늘보다 높고 바다보다 깊은 부모님의 은혜'란 칭송은 노랫말에나 있는 세태가 되어 간다. 부모를 당연히 봉양해야할 이유를 찾지 못하고 모면할 핑계를 찾는다. 먹고 살기가 바빠서……. 멀리 떨어져 있어서……. 맞벌이를 하기 때문에……. 막내이기 때문에……. 등등의 구실을 갖다 댄다. 늙고 병든 부모가 짐이 되고 자기 삶에 더 이상 도움이 안 된다는 이기적 발상이 앞서니 섬길 마음이 멀어지게 되는 것이다. 독일 격언에 '한 아버지는 열 아들을 기를 수 있으나 열 아들은 한 아버지를 봉양하기 어렵다'는 말은 인간의 본능적 방어기제인지 모른다. 자기 삶에 부담으로 지워지는 모든 상황을 회피하고자 하는 이기심이 근저 한다고 볼 수 있다.

> "사람들이 자기를 사랑하며 돈을 사랑하며 자랑하며 교만하며 비방하며 부모를 거역하며 감사하지 아니하며 거룩하지 아니하며"
>
> **딤후3:2**

세태가 각박하고 흉흉하니 부모를 봉양하지 않으려 할뿐

아니라 부모를 버리는 일도 서슴지 않는다. 자식들이 있음에도 돌봄을 받지 못하고 홀로 살다 죽어 백골이 되어서야 발견 되는 일이 이 땅에서 일어나고 있다. 돈 때문에 부모를 죽이는 패륜아가 잊을 만하면 뉴스에 등장한다. 자식들의 입장에선 양육과 성장기를 거치면서 부모로부터 질적, 양적 혹은 정서적으로 필요 충분한 돌봄을 받지 못한 탓이 있었다고 '부모가 나에게 뭘 해 주었는데……. 낳기만 하면 부모인가……' 라는 원망과 받은 것이 없으니 내어 줄 것도 없다. 따라서 부모이기 때문에 반듯이 봉양해야할 이유가 없다는 타산적 논리가 팽배하니 말세의 인심이 서글프기 짝이 없다.

중국은 부모봉양 문제를 입법화해서 '부모 봉양 법'에 따른 '노인 권익 보장 법'을 만들어 자녀들이 부모 부양을 강제했다. 60세 이상 부모를 둔 자녀들은 정신적 금전적 봉양의 의무를 규정하고 분가한 자녀들은 자주 부모를 방문하고 안부를 전하도록 명시하고 있다.

필자가 장남이고 아래로 1남 3녀의 형제에 일곱 식구 모두가 풍상의 세월 속에 살아남아 제 길을 가며 살고 있다. 어느 가정이든 가족사를 열거하면 장편소설이 수십 권이 되고도 남을 기구한 삶이 점철 되어 있다. 선친은 절제치 못한 생활 습관으로 인해 제명을 다하지 못하고 돌아가신지 반세기쯤 이고 모친은 90세 노인이 되어 자식들의 봉양을 받고 있다. 자식이 많으면 다복한 가정이라 했지만 가지 많은 나무에 바람 잘날 없다는 말을 넘어 키운 자식들이 모두 부모 봉양과 효도에 참여자가 되지 못하는 것이 현실이다. 한 배로 낳은 자식이지만 모두가 부모의 맘에 흡족한 삶을 살지 못한다. 따라서 형제지간 부모를 섬기는 온도의 차이가 있고 공평치 못해 갈등이 일어난다.

가정마다의 형편과 처지가 있겠지만 모친은 필자와 함께 사는 것을 달가워하지 않는다. 딱히 눈에 보이지 않는 불편함이 있고 함께 살기엔 껄끄러움이 있음이다. 어쩌다 집에 오는 날엔 빨리 갈 시간을 재촉한다. 성격이 맞지 않은 것이 이유가 될 성 싶다. 큰딸, 둘째 딸, 막내는 형편을 핑계로 부양을 기피한다. 모친은 2남3녀의 자식 중 어느 곳도 맘 편히 일신을 맡길 곳이 없으나 단지 셋째 딸과는 땔 수 없는 연을 맺고 산다. 이유가 될 런지는 모르겠으나 셋째는 젊은 한 때 모친의 돌봄과 배려를 힘입었기로 남은 때를 보상하며 효녀의 삶을 이어가고 있다. 그렇게 동거한 허다한 세월은 모녀간이 다른 형제에 비길 수 없는 운명적 동아줄로 묶여진 관계가 되었다. 그러나 90세 고령의 모친이 앓고 있는 질환은 한두 가지가 아닐뿐더러 한 순간도 앓는 소리가 끊일 날이 없고 그 소리를 밤 낮 주야로 들으며 함께 사는 동생의 심리적 스트레스는 짐작하고도 남는다.

반시라도 떨어져 있는 순간을 찾으며 재촉하고 옴짝 달싹 못하게 한다. 또한 까다롭고 별난 성격에 자주 부딪치고 언쟁하며 살아야하는 생활은 어떤가. 매 끼니를 챙겨야 하고 식 전.후 복용하는 약은 말할 것도 없다. 식성을 따라 찬거리도 신경을 써야하는 것에 이르면 저절로 주저 앉고 싶을 것이다. 이런 일상을 다른 형제들은 이해와 상관없이 먼발치에 있다. 다른 형제들이 모친을 섬기는 태도는 어떤가에 대한 억울하고 괘심한 맘을 내려놓을 수가 없을 것이다.

셋째도 나이가 환갑이 되고 보니 육신이 어줍다. 남편 치다꺼리에다 빼도 박도 못하며 동 거 동락 섬겨야 하는 현실을 놓고 때론 형제들 앞에 어깃장을 놓고 더 이상의 희생을 강요당할 수 없다는 항의성 분풀이를 하면 형제들은 눈치 보기에 급급하지만 뾰족한 대안을 찾지 못한다. 순간 미안하고 고마운 맘을 보태 격려하는 것이 전부다.

부모로부터 달랑 태어나고 혜택 없이 목숨부지하며 살았음을 원망한다면 그것으로 인해 부모의 부양을 외면한다면 그 권리는 누구로부터 받은 것인가에 이를 것이고 결국 부모는 지금 나를 있게 했으니 그것으로 연을 끊을 수가 없을 것이니 최선을 다해 섬겨야 한다. 효도는 대물림이라 했으니 보고 자라는 자식들 앞에 본때가 되어야 함은 물론이다.

"너 부모를 즐겁게 하며 너 낳은 어미를 기쁘게 하라"

잠23:25

근래 몇 개월 사이에 모친은 심장 시술에 치과 진료와 백내장 시술까지 병원을 수십 차례 왕래하며 많이 지쳤고 돌보는 셋째와 착하고 성실한 매제는 '늘 엄마'로 고락을 함께하니 더 지친다. 그러나 이런 저런 핑계로 '간혹 엄마'로 사는 자들은 이런 힘든 소소한 일상에서 비껴나 있어 속 썩는 일을 당하지 않는다. 따라서 늘 엄마로 사는 셋째를 향한 형제들은 늘 미안하고 송구한 맘을 가져야할 뿐만 아니라 위로와 상응하는 급부를 제공해야 마땅하다. 그래야 최소한의 부양에 따른 다리를 걸칠 수 있을 것이다.

이유를 불문하고 원망 없이 섬겨야 '불효자식'이라는 오명을 벗을 수 있다. "셋째야~ 그리고 매제야~ 부실한 형제들의 몫을 걸머지고 사니 욕본다. 섬기며 받는 복을 다 가져 가거라~"

"네 부모를 공경하라 그리하면 네 하나님 여호와가 네게 준 땅에서 네 생명이 길리라" **출20:12**

잊혀져가는 것의 조각들

“파월 병 전원은 배 갑판으로 나와 환송 행사에 임하라”는 선내 방송이 나온다. 고국을 떠나 전쟁터로 가기 전 마지막 절차다. 모두 설레는 맘으로 뱃머리 갑판부터 선미까지 일렬로 촘촘히 자리한다. 침울하고 불안하지만 담담히 맞아야할 시간이다. 그러나 부둣가의 환송객을 향해 무거운 팔을 흔들어야만 한다. 저만치 부둣가의 가장자리로 모인 수많은 염원이 귓전을 때리는 듯하다. 보내며 다시 돌아오기를 간절히 소망하는 부르짖음이 있기 때문이다.

큰 여동생이 ‘이동훈’이라는 직사각 명패를 긴 막대 손잡이로 들고 나왔다. 수많은 명패 피켓이 오르내리며 물결친다. 마침 필자도 부둣가에서 보기에 가장 눈에 잘 띄는 뱃머리 쪽 갑판에 자리 잡았다. 혼잡한 부둣가 가장자리로 동생은 미니스커트를 입고 이리저리 환송객 틈을 비집고 수송선에서 눈을 때지 않는다. 오빠를 찾기 위함이다. 얼마를 지났을까 동생과 눈이 마주쳤고 이내 '오빠'를 불러댄다. 절절한 사연을 안은 가슴이 북받치고 눈물의 환송이 마음을 찢어 놓는다. 서로를 향한 애타는 맘을 전할길이 없다. 손짓 몸짓의 안타까움이 허공을 휘젓는다. 전쟁터에 가겠노라고 연락을 하지 않았고 마지막 훈련을 마치고 부산항으로 내려오기 며칠 전 가족에게 알렸다. 그리고 동생이 환송객 중에 있을 거라곤 미처 생각지도 못한 일이다. 욕심이었을까 여자 친구가 보이질 않는다. 한번 보고 떠났으면 했지만 연락이 닿지 않았을 수도 있고 못나올 형편을 알 수는 없지만 섭섭한 마음과 아린 가슴이 심경을 짓누른다.

예쁜 동생은 오빠를 부르다 지치는 것 같다. 외치는 소리는 뱃머리까지 들리지 않고 이미 눈두덩이 부었다. 환송객 대부분은 안타깝고 참담한 심정을 가슴에 안은 부모 형제들이고 연인들이다. 눈물이 범벅이 되고 울부짖음이 창공에 메아리치고 통곡과 이별의 아픈 신음과 절규들이 부둣가 하늘에 사무친다.

흰 칼라 저고리에 검정 후리야 치마의 여고생들이 '이기고 돌아오라'는 현수막을 앞세우고 환송대열에 끼어있다. 그들의 오빠쯤인 군인 아저씨들이 무사히 돌아오기를 응원하고 있는 것이다. 정해진 환송행사 시간이 지날 쯤 수송선은 무겁고 긴 침통한 고동소리를 몇 차례 울린다. 이제 남은 사연과 아픔을 거두고 본연의 자리로 돌아가라는 엄숙한 명령인 것 같다. 마침내 수송선은 부두를 미끄러지며 숫한 고통의 잔상들을 지우면서 멀어져 간다. 이제 모든 손짓도 내려지고 깊은 침묵이 사방을 에워싼다.

군 입대부터는 개인의 의지와 상관없이 국가의 명령에 의해 생존의 가치가 좌우 된다. 총칼로 훈련하며 미지의 적을 물리치기 위한 제반 요령을 숙지할 땐 단지 훈련을 위한 과정으로만 생각했지 직접 전쟁터에 투입될 것이라곤 상상도 못했다. 그러나 나는 지금 전쟁터로 향한 수송선에 몸이 실려 가고 있는 것이다.

이 배로 다시 돌아오지 못할 수도 있다는 막연한 공포와 체념에 맘은 무겁고 정함이 없다. 나는 파월 초기, 중기를 지날 즈음에 투입 되는 회 차다. 떠날 때는 다시 돌아 올 것과 만날 것을 약속하지만 때로는 허락하지 않는 운명이 개입한다. 엇갈리는 현실 앞에 수용 못할 고통과 한이 겹겹이 쌓인다. 초 중기에 투입된 부대들은 많은 희생이 있었다. 멀쩡하게 돌아오는 새까만 얼굴의 병장이 있는가 하면 중상자로 이송되어 오고, 고엽제를 뒤집어쓰고 얼마 후에 일어날 고통을 모르는 자로 돌아오고, 무엇보다 심히 안타깝게 유골함으로 돌아오는 자들이 있다.

한국군의 베트남 파병은 자유를 지키겠다는 우방에 대한 신의로 한국 정부가 국내외적으로 어려운 상황에서 국가의 생존과 발전전략상 결정한 중요한 일대의 사건이다. 미국은 요청의 대가로 군사원조와 전투수당을 지급한다. 그 막대한 자금은 국가발전에 획기적인 초석을 놓았다. 지금의 대한민국의 경제적 발전의 저변에는 필자를 비롯한 수많은 젊음의 피와 희생이 있었음은 필설이 무익하다. 1965~1973년 파월 기간 동안 5099명이 전사했고 1만 7천여 명이 부상을 당했으며 7만2천여 명이 고엽제 후유증을 앓고 있는데 고엽제 2세 환자도 고통 중에 있다.

피 끓는 청춘을 나라에 바치는 것은 고귀한 삶의 유일한 가치다. 그러나 작금의 젊은이들의 군대에 대한 인식은 염려스럽고 한심하기가 짝이 없다. 군 입대를 꺼려하고 부담스럽게 생각한다. 가능한 방법을 동원해 군 입대를 기피하고 부모들도 군의 실태에 불신감을 가지고 있다. 남북이 대치한 우리의 현실은 정병이 필요불가결한데 말이다. 물론 대다수 젊은이들은 정병으로 태어나고 국가와 국민의 안위를 위해 불철주야 애쓰고 있음을 안다. 극히 적은 무 개념의 졸장부들이 있을 뿐임을 믿고 싶다.

수송선이 베트남을 가는 일 주 일가량은 병사들을 가만 두지 않았다. 전쟁터로 가는 병사들로 하여금 온갖 잡념을 떨쳐버리기 위한 계획 된 훈련이다. 흔드는 배에서 견뎌야 하는 고통은 상상을 초월한다. 병사들 어느 누구 한명도 예외없이 멀미로 실신한 상태다. 화장실 앞은 줄이 길고 차례를 기다리지 못한 병사들은 선 자리에서 토하니 선실은 아비규환이다. 혼미한 정신을 가누어야 하고 그럼에도 먹고 힘을 내야하는 일에 몰두하다 어느 듯 배는 베트남에 도착한다. 각 부대들은 임지를 향해 트럭에 오른다. 전쟁을 위해 왔기에 베트남 역사와 문화에 대한 이해까지는 거리가 멀다. 우기 철이라 시도 때도 없이 쏟아 붓는 스콜은 머리위에서 물동이로 붓는 수준이다. 그러나 이 땅은 이내 물을 흡수해 버리니 그늘 밑은 견딜 만하다.

임지부대 근무는 시간이 자나면서 점차 익숙해지고 전쟁터인지라 고국에서의 여러 안부 편지가 끊이지 않는다. 하루는 거의 같은 시기에 입대하고 우리나라 전방에서 근무하는 친구 '한기'로부터 편지를 받는데 휴가기간에 알았던 소식을 말하고 있는 것이다. 내용인즉 필자를 깊이 이해하고도 남는다는 그리고 위로한다는 말이다. 직접적인 언급은 없으나 분명 아버지의 부고 소식이 틀림이 없다. 중학교 시절 친구의 아버지가 우리가 보는 앞에서 사고를 당하여 돌아가셨음을 상기하는 말이다. 이처럼 혼란스럽고 불분명한 소식이 어떻게 가능하단 말인가? 아버지가 돌아 가셨다면 가족이 먼저 움직였을 것인데 도무지 이해할 수 없어 곧바로 집으로 편지를 보내고 답을 기다리지만 보름이 지나도록 답이 없다.

3개월쯤 지난 어느 날 행정 실에서 급히 오라는 연락을 받고 문을 들어서니 관보가 왔다는 것이다. 군에서는 일반 병에게 전보는 없다. 단, 관보는 받는데 그 내용들은 거의가 부모의 생사와 관련이 있다. 어떨 결에 받아들었으나 이미 행정병들은 분위기 파악을 하고 필자를 향한 애처로운 눈빛이다. 개봉하니 내용은 '부친 사망'이다. 맑은 하늘에 벼락이란 말이 나에게 닥친 것인가? 어처구니가 없다. 도무지 믿지 못할 일이 일어났고 어디서부터 맘을 다잡아야할지 텅 빈 머리와 가슴을 주체하지 못한다.

아버지와는 스무 네 살 띠 동갑이니 계산상 47세에 돌아가신 것이다. 요즈음 정서로는 청년 나이나 다름없다. 살아생전 가족을 위한 보람 없는 삶이었지만 집안의 기둥이 무너지고 다시 세울 수 없다는 현실 앞에 억장이 무너진다. 군 막사 길가에 퍼질러 앉아 가슴을 치며 통곡한다. 어느 누구인들 생로병사를 피할 수 없지만 빨리 찾아온 죽음 앞에 참담함을 억누를 길이 없다. 동료 병사들이 부축하며 위로하여 긴 밤을 지새우고 이튿 날 행정실의 배려로 장례휴가 길에 오른다.

전쟁터에서 가는 휴가는 남달랐다. 모든 것이 처음 당하는 일이고 생각은 정리가 되질 않는다. 보잉727기에 올랐고 점심으로 나오는 기내식은 정말 기찬 맛이었다. 일본 시모노세키를 거쳐 군용기라 오산공항에 내린다. 친구의 말을 빌리면 이미 장례절차는 끝난 상황일 것이고 어떤 표정으로 가족을 대면해야 할 것인지 참참한 마음으로 집에 도착한다. 역시 초상집 분위기는 아니었고 식구들은 필자의 눈치 보기에 급급하다. 부친은 이미 3개월 전에 돌아가셨다. 정확하게는 내가 베트남으로 떠나기 일주일 전에 돌아가시고 장례는 끝난 후 이다. 여동생은 부둣가에서 그 사실을 모르고 떠나는 오라비가 더 가슴 아파 그렇게 울었던 것이다. 설사 알았던들 파월 행을 멈췄을까? 일주일의 장례휴가를 마친 후 다시 전쟁터로 돌아온다. 필자는 주월 사령부 지휘부대에 근무했던 고로 전투부대요원이었다면 아무리 부모가 돌아갔던들 생각할 수도 없는 특권을 누린 셈이었다.

베트남에서는 한국의 일반적인 계급승진과는 사뭇 달리 빠른 진급을 하게 되는데 전시 상황적 진급인지 미국으로부터 더 많은 전투수당을 타내기 위한 계획적 수단인지는 모르겠으나 계급 간 월급의 차이가 있었으니 상위 진급은 나라의 자금축적의 필요 충분한 조건이 될 수 있다. 국가의 정책의 시너지 효과인 것은 틀림이 없겠지만 사병의 입장에선 일병으로 왔다가 1년 복무를 마치고 귀국하면 나머지 병력기간을 채워야 하는데 돌아 온 병사들의 계급은 복무기간에 상관없이 모두 병장을 달고 있으니 월남병장 '물 병장'이라 하여 귀국 후에도 제때 제대를 못하고 남은 기간이 길수록 푸대접에 힘든 시간을 견뎌야 했다.

미국으로부터 지급 받는 병사들의 전투수당은 꽤 많은 액수였지만 정부에서 상당액을 때내고 나머지 지급액에서 7활은 고국에 의무적으로 송금을 해야만 한다. 나머지 3활은 얼마 안 되는 돈이다. 그걸 가지고 알뜰살뜰 귀국 때 더블 백에 무엇이든 채워가야 할 잡동사니를 사야한다.

파월 초 중기 때의 부대들은 희생이 많았으나 살아 돌아오는 병사들은 나름대로 축재蓄財의 기회를 살려 이목을 끌었다. 전쟁터라 군수와 병참요원들은 축재에 눈을 밝혀 허술한 관리 감독의 틈을 타 사익을 도모했다. 따라서 귀국을 앞두고 박스를 보내는데 지휘관들은 A박스 사병들은 B박스 등으로 크기에 차이가 있었다. 필자는 부대 지휘관의 귀국 박스를 포장할 때 내용물을 챙기며 크기를 알았는데 상당히 많은 양을 담을 수 있는 직사각형의 공간이다. 그 당시는 우리나라의 경제는 피폐했고 모든 공산품이 귀하고 비싸 귀국하는 지휘관들은 현지시장에 쏟아지는 미국제품을 손쉽게 구입하고 박스를 채웠다. 가전제품에다 카세트테이프를 비롯한 돈이 될 만한 용품들을 장사 꾼 수준으로 챙겨 간다. 사병들은 엄두도 못 낼 일이다. 그것들이 귀국과 동시에 시장에 팔려나갔으니 곧바로 현금이 되어 한 몫 잡는 자들이 많았다. 일반 병들은 탄피를 모아 박스를 보내기도 해 그것만으로도 돈이 되는 때였다.

병과와 보직이 좋은 일부 병사들이 돈을 모아 귀국하며 낸 소문들이 일반화 되고부터 월남에 갔다 오면 돈 벌어 온다는 등식이 국민들 정서에 뿌리 내리게 된다. 그렇지 않은 경우가 많지만 인식은 쉽게 바뀌지 않았다. 살아서 돌아오는 자들의 소중한 생명의 가치보다 물질에 관심이 더 많은 세상이 참으로 흉흉하다할 것이다. 중후기에 파병 된 병사들은 전투의 소강기였기에 희생이 적었고 대부분 멀쩡하게 귀국한다. 그러나 이전처럼 박스를 발발이 보내고 더블 백에 귀중품들을 가득 채워 나오는 일은 없다. 아니 더블 백을 채울 돈이 없다는 것이다. 약간의 돈으로 딴 짓을 하거나 허튼 곳에 눈을 돌리면 남는 돈이 없기 때문이다.

필자도 귀국을 기다리며 몇 푼씩을 모아 가전제품은 살 형편이 안 되니 작은 소모품을 싸 모아 관물 함에 차곡차곡 쌓아 둔다. 더블 백을 채우려면 족히 20~30Kg 정도의 물건을 사 모아야 하지만 귀국 날짜는 닥아 오는데 뭘 채워갈지 고민이 많다.

지휘부대인 주월 사령부 예하 민사심리전을 담당하는 부서에 필자가 근무하면서 베트남의 각지를 경험한다. 북부 다낭을 비롯해 파견지로 나트랑, 니노아, 퀴논 등을 거친다. 퀴논지역은 맹호부대의 사령부가 주둔했고 필자의 마지막 임지는 퀴논이다.

민사심리전 부대의 의무는 베트남 전쟁에 투입된 북한군과 호치민 공산군이 자유국가의 품으로 귀순하도록 유도하는 심리전술의 일환이다. A4 용지의 절반 크기에 각양의 선전 문구와 귀순 후의 생활보장 등 자유민주주의 이념과 제도를 담은 삐라를 제작하고 배포한다. 부대자체에 인쇄소를 가지고 있어 상시 찍어내고 베트남 작전 지역에 뿌려진다.

필자도 니노아 지역 백마부대 작전지에 투입 되 경항공기에 올라 포화가 자욱한 격전지 하늘을 날며 삐라를 뿌렸다. 너 댓 박스를 뿌리고 나면 비행속도로 인해 문 가장자리에 손목이 부딪쳐 멍이 든다. 퀴논 맹호사단에 파견되어 작전에 참여했을 때는 임무 끝에 철수할 때는 헬기로 돌아오는데 헬기 좌우에 문이 열려있어 회전할 때는 떨어질 것만 같아 어린애처럼 겁에 질리곤 했다. 일반 전투병들은 무거운 장비를 걸머지고 도보로 걷다가 트럭으로 철수하는데 필자는 특수부대 요원이라 여러 차별적 호강을 누린 것 같다.

파월장병을 둔 부모들의 마음은 기도로 이어지고 어떤 종교의 힘에 의지하던 자식을 향한 무사귀국을 기원할 것이다. 따라서 전지에 있는 병사들은 부모님의 간절한 기도의 효험으로 건강한 모습으로 돌아와야 할 것이나 모두가 무사안일할 수 없고 모두가 전장의 희생자가 되지도 않은 것이 상황 속에 던져진 운명이다.

필자의 어정쩡한 신앙생활도 전장에 투입 되면서 더 간절해진다. 작전계시가 없는 날이면 꼬박꼬박 교회로 발길을 옮긴다. 규모의 부대가 있는 곳이면 어디든 군종장교와 군종병이 장병들의 예배행위를 돕는데 필자가 출석하는 교회는 퀴논지역 맹호사령부에 파견된 의무부대에 속한 교회다.

의무부대 교회는 일반 병보다 간호장교가 대다수를 차지한다. 머리엔 흰 캡을 복장은 투피스의 백의로 부상병의 상처를 어루만지며 따뜻한 미소와 위로의 말로 사명을 다하니 헌신적인 그들의 모습은 글자 그대로 '백의의 천사'임에 틀림없다. 모두가 아름답고 자랑스럽다. 간호장교들은 예배 때 모두가 찬양대석에 앉는 대원이다. 사병과 나이는 비슷하지만 그들은 신분상 장교이니 친하면서도 어렵다. 그들은 상황병이다. 끝으로는 밝은 표정의 한 사람의 아름다운 아가씨이지만 시도 때도 없이 응급사이렌이 울리면 상황 속으로 몸을 던진다. 찬양대 연습 중이나 예배 중에라도 부상병을 실은 헬기가 인근으로 다가오면 이내 응급사이렌이 울리고 예배 중이지만 응급상황은 생명의 촌각을 다투는 일이기에 모두들 반사적으로 자리를 뜬다. 예배당이 텅 비는데 그들은 그렇게 훈련되어 있고 그 속에서 예배드리기에 익숙하다. 성경에도 '한 사람의 생명이 천하보다 귀하다'했으니 생명을 지켜내기 위한 응급상황을 외면한 예배행위는 하나님께서도 기뻐하지 않을 것이다.

환자 위문을 위하여 틈틈이 연습한 중창곡으로 병실을 방문할 땐 너무도 끔직한 부상병의 실상에 소스라친다. 주로 외과 병동인데 두 다리가 잘려 나갔거나 한쪽 남은 다리에 쇠를 박아 공중에 메달아 놓았거나 팔이 잘려 나갔거나 머리를 붕대로 통째 감아 놓았거나 눈만 붕대 사이로 빠끔히 내다보는 부상병을 비롯해 말로 표현하기 참담한 상황 앞에 실로 말문이 막힌다. 같은 처지로 전장에 왔으나 어떤 병사들은 형언키 어려운 고통 중에 신음하며 절망 속에 있는데 필자를 비롯한 중창단은 그들을 위로 한답시고 노래를 부르는 꼴이 참으로 부끄럽고 민망하다. 멀쩡한 몸으로 이들 앞에 서있는 것이 죄를 짓는 것 같다.

어느 날 부대 작전일정에 따라 이틀을 맹호 포병부대 작전에 참여하고 돌아왔다. 그런데 곧바로 눈에 띄는 것은 실로 말문이 막히는 일이 일어난 뒤였다. 나보다 3개월 앞서 귀국하는 선임 병이 있었는데 그는 전라도가 고향이고 부산사나이 나와는 별로 친하지 못했다. 까닭 없는 트집으로 고 참 질을 해되니 사이가 불편했다. 그런데 그가 귀국하면서 내가 없는 틈을 타 관물 함에 애써 모아둔 귀국용품들을 몽땅 털어 가버린 것이다. 내무반에 있었던 동료들도 모르는 사이에 쥐새끼 같은 짓거리를 하고 날아 버렸다. 울화통이 터진다. 진정이 안 되고 망연자실에 어찌할 방법도 없다. 이 같은 짓은 단순한 도적질을 넘어 강도짓에 다름 아니다. 전쟁터까지 와서 동병상련 형편과 처지를 뻔히 아는 상황임에도 일말의 양심도 없는 짐승 같은 짓을 한 것이다. 벼룩의 간을 내어 먹는 일이 있을망정 이런 몹쓸 짓 앞에 욕과 저주가 앞선다. 그렇잖아도 더블 백에 채워 넣을 거리를 걱정하고 있는 데 이런 꼴을 당했으니 귀국하면 뭘 잔뜩 기다릴 식구와 친척들의 눈총을 견뎌낼 생각에 한숨만 나온다. 그래봐야 미제 비누, 치약, 면도기 등의 일용품이지만 남은 기간 동안 이마져 채워갈 여력이 없다. 물건 구입을 위해 돈을 빌릴 수도 없다.

그 한 맺힌 고 참 병 때문에 빈털터리로 한심한 귀국이 되고 만다. 물론 살아 돌아가는 것이 최대의 행운이고 자랑이지만 앞서 언급한대로 고국에서는 살아오는 사람보다 비둘기의 관심은 콩밭이기 때문이다. 남은 기간 억지로 더블 백을 채우지만 거기에는 두루마리 화장지가 절반이 넘었으니 둘러메는 더블 백이 어깨는 가벼울 것이다. 참전임무가 끝나간다. 귀국일자가 잡히니 시간 흐름이 더디고 무료한 일상이 더위와 겹쳐 지겨움은 맥을 풀어 놓는다. 전쟁터에서 보낸 1년은 나의 의지가 개입될 수 없는 전혀 낯설고 수동적인 시간들이었다. 하루에도 어떤 일이 일어날지 알 수없는 막연함이 있다. 그러나 자유 수호를 위해 전장으로 투입된 사명이 있음을 알 즈음엔 선한 목적의 일원임을 뿌듯해 하게 한다.

습관처럼 쓰게 된 일기지만 전쟁터에서 쓴 일기는 의미 자체의 무게가 다르다. 생과 사를 넘나드는 숨 막히는 순간까지의 체험도 쓰고 남겨지게 되는 것이 전장의 일기다. 앞서 얘기한대로 전투부대 요원은 아니지만 일 년 동안 위험지역에 와 있는 것만으로도 위태하지만 여러 고비를 잘 넘길 수 있었음을 감사할 뿐이다.

마침내 귀국 날이다. 귀국 수송선에 오르기 위해 나트랑 부두 행 트럭에 오른다. 메모를 위해 들고 있던 일기장을 더블 백에 넣지 못하고 있다가 동료 함영순 병장의 백에 잠시 맡겼다. 배에 올라가면 찾을 생각이었으나 곧장 일은 꼬이고 말았다. 수 천 명이 배에 오르자 한국에서의 본부대와 소속에 따른 분류가 시작 되고 헤어지면서 각처소로 이동한다. 수송선의 크기는 수 천 명을 수용하는 규모다. 수 백 개의 침실과 통로가 있으니 헤어진 함 병장을 만나기는 하늘에 별 따기에 다름 아니다.

일기장을 못 찾는다는 것은 말이 안 된다. 차라리 더블 백을 잊어 버렸으면 이처럼 뼈 속 깊은 상실감은 아닐 듯, 전쟁터의 일기는 단순한 일상의 기록이 아니기 때문이다. 생각하니 분통이 터지고 억울하다. 큰 재산을 잃은 손해와 같은 것이다. 이는 정신적 재산이며 체험의 재산이고 영혼의 손실이다. 식당에서 만날까 화장실에서 만날까 며칠 내내 기다리며 부릅뜬 눈으로 기다렸으나 결국 만나지 못하고 같은 공간임에도 헛수고가 되고 말았다. 잃어버린 것에 대한 한이 쌓인다.

파월 일 년의 기록을 잃어버린 것은 헛바람 쉰 것이나 다름없는 심정이다. 귀국 후 한 동안을 그것에 집착하느라 밤잠을 설친 날이 많았다. 잊혀 져 가는 세월 속에 잃어버린 여러 조각들이 있다. 조각들의 그것은 삶의 형상들이고 기억 돼야 할 것도 버려야할 것도 있음이다. 그러면서 인생은 저물어 간다.

> "범사에 기한이 있고 천하 만사가 다 때가 있나니. 찾을 때가 있고 잃을 때가 있으며 지킬 때가 있고 버릴 때가 있으며"
>
> **전3:1. 6**

가을의 단상

도시팽창은 현대화의 물결과 압축 성장의 요청에 따라 도회지로 몰려든 농촌 시골 사람들로 메워진 결과로 지금의 발전 한국은 그 때 그 사람들의 노고와 희생 위에 세워진 것이라고 말할 수 있을 것이다. 도시화의 역기능 내지 도 농간의 부작용을 고사하고 그 주역들은 다수의 농촌 출신들이다. 옛날에 농촌 시골 출신 아닌 사람이 있을까……. 필자는 해운대 출신이다. 지금은 천지개벽 수준의 해운대 모습이지만 그 때 그 시절은 그저 논밭으로 초가집 일색의 동네마다 부락으로 불리던 때다. 해운대는 중동 우동 좌동 등등으로 구획 지어있고 필자는 그 중심 지역 중동에서 태어났지만 어릴 때부터 농사일에 동원되고 추수의 경험을 깨나 했다.

봄가을 추수 때는 큰집의 수확을 돕기 위해 학교까지 결석을 해야 했다. 아버지가 공무원이라 논밭을 물려 받지 못해 땅 쪼가리라곤 없었고, 일 년의 두어 차례 여남은 살의 인력으로 추수 현장에 투입 된다. 농기구는 어린이용이 없는 고로 낫을 잡아 보리 벼를 벨 땐 낫 무게에 부대낀다. 어른들을 따라 저녁까지 논바닥에서 벗어나지 못하니 몸이 녹초가 되고 온 몸은 타작 짚북데기가 날려 붙어 깔끄럽다. 그러나 논두렁에 앉아 따뜻한 점심밥을 먹을 때가 행복했고 저녁 밥상은 윈 만큼 차렸지만 숟가락 들 힘도 없어 밥맛도 입맛도 그다지 다.

추수 때 타작은 알곡과 쭉정이를 가려내어 알곡은 자루포대에 쭉정이는 키에 까불려 날려 버린다. 올 한해도 저물어 간다. 입동이 코앞이다. 자연의 섭리를 목도하며 가부간 가려지는 알곡과 쭉정이 생각에 미치는 삶을 반추한다. 어떤 삶을 살았으며 남은 때를 어떻게 살 것인가……?

알곡과 쭉정이는 얼른 봐서는 모른다. 같아 보이지만 속을 보면 안다. 사람은 그 속을 잘 모르지만 쭉정이의 인생은 분명 말이나 행위에 그 가벼움으로 신뢰를 얻지 못한다. 범사에 책임감이 없다. 표리부동하고 자신의 이익만을 쫓아 살고 속이 허하니 남길 것이 없다. 그리고 알곡과 쭉정이는 키에 까불려 보면 구분이 된다. 알곡은 머물러 존재의 가치를 증명하고 모두에게 유익을 끼친다. 쭉정이는 일의 경중을 막론하고 책임 앞에 핑계와 변명이 많고 불평불만이 앞선다. 시기와 질투가 많아 사회성이 떨어지고 남을 탓하며 기회주의적인 사람이다. 또한 알곡과 쭉정이는 심어보면 구분이 된다.

알곡은 땅에 묻히면 곧 싹이 나고 성장한다. 그 속에 생명이 있기 때문에 삶이 생산적이고 진취적이고 역동적이다. 관계를 통해 긍정의 힘을 느끼게 하고 조직에 활기를 불어 넣는다. 그러나 쭉정이는 아무리 기다려도 싹이 나지 않는다. 그 속에 생명이 없기에 비생산적이고 목표와 꿈이 없다. 민폐를 끼치며 퇴보하는 삶이다. 알곡은 고개를 숙인다. 알곡 사람은 고개를 숙이는 겸손이 있다. 그 속이 차고 인격과 성품이 고상하여 스스로 높아지지 않고 오히려 남을 높인다. 먼저 섬기고 양보하며 행실이 아름답다. 쭉정이는 가려지는 순간까지도 고개를 쳐들고 있다. 교만이다. 속이 비어 행위가 경거망동하고 허례허식으로 치장하고 있다. 위기와 고난을 감내하지 못하고 쉽게 포기하니 삶의 열매가 없다.

"사람의 교만은 멸망의 선봉이요 겸손은 존귀의 길잡이니라" **잠18:12**

알곡 같은 인생이란 속이 꽉 찬 사람의 이름이다. 속이 깊으니 상황을 지혜롭게 판단하고 어려움과 환난을 극복하며 개인과 가정, 사회를 긍정의 힘으로 이끈다. 모두가, 모두의 가정이, 사회와 나라 정치가 알곡 같은 환경이 되었으면 참 좋겠다.

들판과 과수원이 가을걷이가 끝나고 농부와 과수원 지기는 다음 해를 준비하며 알곡과 튼실한 열매를 기다린다. 인생의 조물주는 심은 대로 거두는 법칙을 주시고 결실할 때를 참고 기다리신다. 올해도 저물어 간다. 세월을 아끼지 못하고 허송했음을 자책하며 남은 생이 쭉정이가 아닌 알곡 같은 삶이되기를 다짐해 본다.

"모든 것이 가하나 모든 것이 유익한 것이 아니요 모든 것이 가하나 모든 것이 덕을 세우는 것이 아니니 누구든지 자기의 유익을 구하지 말고 남의 유익을 구하라" **고전10:23-24**

자전거

드라마나 영화 속 자전거의 등장은 대개 아름다운 첫사랑을 태우고 강가나 들판 길 혹은 공원으로 달리는 장면이 많다. 뒤편에 한쪽으로 모운 다리를 내리고 가슴을 남자 등 쪽으로 밀착시켜 앉은 연인은 자연스레 양팔을 돌려 주인공을 끌어 앉는다. 자전거는 꾸불꾸불 거리다 이내 중심을 잡고 달린다. 바람결에 머리카락이며 옷자락이 날리고 로맨스로, 정으로, 추억으로 얘기는 시작 된다.

영화 속뿐만 아니라 실재 아무에게나 자전거를 말 할 테면 이런 추억들이 있을 뻔하다. 사람은 성장기를 거치면서 대근육이 발달하고 먼저 배우는 것 중하나가 자전거 타기일 것이다. 운동신경이 웬만한 사람이면 거의 자전거를 배우게 되고 탈 줄 안다. 자전거는 사람이 직접 올라 두발로 페달을 밟아서 동력을 얻기 때문에 순수한 탈거리이기도 하고 아련한 추억 속에 낭만을 떠올리는 단골 메뉴이기도 하다. 하지만 필자에게 자전거는 상처로 얼룩진 추억만으로 다가온다.

공무원이던 아버지의 전근으로 부담스레 고모 집에 들어가 천덕꾸러기 신세로 중학교 1년을 보내는 동안 업 친데 덮친다고 한 살 위 사촌형과 자전거를 배우다가 아이의 다리를 골절 시키고 말았다. 우리는 가까운 초등학교에서 조심스레 서로 번갈아 타고 잡아주고 밀어 주면서 운동장 가장자리를 돌고 있었는데 갑자기 뛰어든 아이와 부딪쳤고 공교롭게 아이의 다리에 골절이 가고 결국 아이는 정형외과에 입원해 수술을 받아야 하는 중대사가 되고 말았다. 사고 당시 사촌형이 자전거에 올라있었고 나는 뒤 안장을 잡고 있는 상황이었으나 사고의 책임은 힘없는 필자에게 돌아오고 누명을 쓴 계기로 급기야 고모 집을 나오고 전학을 해야 하는 데까지 번졌다. 자전거를 재대로 배워보지도 못하고 고통과 좌절만 맛본 입문이 되고 말았다.

60년대는 자전거를 가진 집은 살기가 괜찮은 사람들이었다. 물론 짐차는 장사를 하기 위해 필요로 했고 일반 자전거는 얻어 타기가 쉽지 않았다. 그런데 어느 날 아버지가 자전거를 타고 왔는데 우체국에 한대가 여유 있어 그것으로 출퇴근을 하실 요량 이란다. 나는 웬 떡인가 싶어 매일 새벽같이 일어나 자전거를 탔고 어느 정도 숙달이 되어 집에서 2Km 내외의 해운대 동백섬을 일주하며 눈썹을 휘날렸다. 3년 전 입문 때 받은 상처를 깨끗이 씻을 반전의 기회가 된 것이다. 그런데 그 기회도 얼마가지를 못하고 엄청난 일을 저지르고 말았다. 자전거 타기에 자신이 붙은 지 얼마 후 또래 친구를 아침 일찍 깨워 뒷자리에 태우고 동백섬 고갯길을 올랐다 다시 내리막길을 내려온다. 숨 돌릴 여유도 없이 자전거는 두 사람의 무게를 얹어 가속이 붙는다. 속도감을 느끼기 무섭게 사고를 직감한다. 이대로 내달리면 뒷일은 뻔하다. 불과 몇 초 사이에 불안은 현실로 급변하여 물리적으로 가속을 제어할 방법이 없다. 할 수 있는 일은 브레이크를 잡는 것과 페달에서 발을 내려 땅에 신발을 끄는 마찰로 최대한 속도를 늦추는 것이다. 그러나 이미 속도를 이기지 못하는 브레이크는 무용지물이 되고 친구와 나는 뛰어내릴 수도 없는 절대 절명의 순간을 맞고 있다.

당시의 동백섬 입구는 군 막사에 울타리로 철조망을 쳐 놓았다. 생각하기도 끔직한 결과는 자전거, 친구, 그리고 필자는 철조망으로 돌격하는 전투요원이 되고 말았다. 엇비슷하게 쳐 박혀 정신을 차렸을 땐 친구는 사타구니가 20cm가 넘게 찢어져 피가 낭자하고 필자는 손과 발 얼굴 턱 밑으로 철조망 세례를 받아 피로 붉게 물들이고 패잔병 수준으로 몸을 일으킨다. 철조망에 끼인 자전거를 꺼내니 앞바퀴의 후래임은 구겨져 삼각 바퀴가 되어 버렸다. 처참한 몰골로 돌아왔으나 엄부와의 관계를 감안하면 그 뒷일은 구체적으로 말하기 싫다. 한마디로 맞아 죽지 않고 살았으니 이렇게 글을 쓰는 것이 아닐까 싶다.

세월이 한참 흐른 후에 지금은 판사직에서 물러나 변호사로 있는 친구를 만나 끔직 했던 추억을 웃으며 애기를 주고받기 전 먼저 아랫도리를 걷어 올린다. 선명하고 울퉁불퉁 굵은 직선 흉터를 드러내 보인다. 섬뜩한 추억이다. 친구에게 만용의 상처를 지녀준 불찰이다.

그 시기를 지나 두어해 사이에 가정형편상 학교를 중태하고 국제시장 점원으로 일하게 된다. 아버지의 쥐꼬리만 한 공무원 월급으로는 일곱 식구의 입에 풀칠도 어려웠다. 고스란히 어머니 손에 들려지는 봉급이라면 몰라도 술값에 먼저 털린 봉투는 받아들기 민망한 헛 봉투였으니 핍절한 시대와 맞물려 궁핍한 삶이다. 밀린 월사금을 해결하지 못하니 중태와 일을 찾는 길이 전부였고 국제시장 봉제잡화상에 일을 하며 입 살이를 해야 했다.

어느 날 가족이 그립고 보고 싶은 나머지 해운대 집으로 나들이 할 엄두를 낸다. 가계에 있는 바늘, 실, 가위 등등 필요한 가지를 챙겨 자전거로 다녀오기로 하고 가계 짐자전거를 빌려 출발한다. 부산은 동서로 긴 지형의 도시구조를 하고 있고 서쪽 충무동에서 동쪽 해운대까지는 상당히 먼 길이다. 그러나 가족을 만날 생각이 앞서니 먼 거리와 짐자전거의 무거운 차체까지는 미치지 못한다.

짐자전거는 일반 자전거에 비해 두 세배는 무겁고 경험이 없이는 타고 중심 잡기도 어렵다. 출발을 하지만 의욕이 앞선 무모한 실행이 한이 될 고행길이 되리라곤 상상을 못했다. 도심 중앙 차로를 비껴 부두 길로 접어들었으나 바다 맛바람을 안고 밟는 페달은 너무 힘에 붙인다. 문현동을 지날 쯤엔 이미 다리 근육에 피로가 쌓여 감각이 무디다. 특히 고개 밑 길이 생기전의 문현동 고개는 산을 오르는 고생을 해야 했다. 타지 못하는 짐자전거를 끌고 숨이 턱 밑에 차오르는 오르막길은 후회가 막심하고 눈물이 쏟아진다.

아침 일찍 출발해서 3시간을 넘는 사투 끝에 해운대 집에 도착한다. 얼굴은 땀이 소금기로 눈두덩과 코 밑은 먼지와 매연이 범벅이 되어 거무데데하다. 필자의 고생을 식구들은 별로 실감하지 못하니 섭섭한 마음에 억울한 생각이 든다. 얼마를 머물렀는지 곧바로 돌아가야 한다. 돌아가야 할 일이 꿈만 같고 엄두가 나지 않는다. 짐 자전가만 아니면 안 가고 싶다. 하지만 그 누구도 대신해 줄 수 없는 자리로 가야만 한다.

그 징그러운 짐자전거는 죽을 고생을 담보로 어찌어찌 국제시장으로 돌아왔다. 입에서 단내가 나고 열이 올라 이틀 동안 몸살로 죽다가 살았다. 몸으로 때우던 여러 물건들은 용품의 개발로 언제부터인지 사라 졌다. 따라서 짐자전거도 노 클러치 오토바이 등장으로 슬그머니 사라 졌다. 모두가 먼 지난날의 추억이다. 자전거는 나에게 무슨 의미일까? 자전거는 지독히 나와 힘든 인연이었다. 자전거는 힘들여 페달을 밟아야 달릴 동력을 얻는 것처럼 오늘도 내일도 나는 힘든 삶을 지탱하는 동력을 얻기 위해 날마다 은혜를 사모하고 구하고 있다.

> "내게 능력 주시는 자 안에서 내가 모든 것을 할 수 있느니라" **빌4:13**

머구

단층 기와집을 개조해 작업장을 만들고 조소를 하는 지인의 작업실에 들렀다. 집 뒤뜰에는 텃밭이 있는데 가꾸지 않아 잡초가 무성하고 군데군데 나물끼리 잎사귀들이 눈에 띈다. 봄이 한참 지나 초여름에 접어들었으니 나물 잎은 양껏 자라 짙은 녹색을 하고 있다. 음식과 반찬으로 나물은 초봄부터 한두 달 사이에 뜯어야 연하고 부드러워 식감이 좋다. 또한 향도 재대로 음미할 수 있다.

지인의 간청에 모처럼 추억을 떠올리며 군락을 이루고 있는 머구를 뜯었다. 담을 그릇도 없이 뜯다보니 한쪽 손은 아귀에 차 넘칠 듯 빼근하다. 철지난 나물이지만 농약과는 상관없이 벌레를 먹은 채로 마구 자라 방치 되고 보잘 것 없이 보이는 잎사귀가 오히려 건강에 좋을 것이라는 생각이 든다.

추억이라 함은 한참 궁핍한 시절의 먹 거리 기억을 말함이다. 예나 지금이나 재철 산물이 그 시기를 건강하게 넘기게 하는 조물주가 주신 자연의 축복임을 부인하지 못한다. 따라서 손바닥만 한 땅덩어리라도 있다면 집집마다 밭을 일구어 각종 채소를 가꾸었다. 거기서 나는 채소가 최대한의 구색으로 밥상을 지켜냈다. 필자의 기억 속엔 알랑 한 말단 공무원의 아버지에겐 네 형제 중 논밭이 없었다. 어찌된 영문인지 할아버지로부터 물러 받은 것이라곤 단출한 초가집 한 채다. 마당도 그리 넓지 않았고 뒤뜰은 장골이 지나갈 정도의 공간뿐이었다.

해운대 중동 오산부락은 지금은 관광 특구의 중심 지역이 되었다. 할아버지는 꽤 많은 토지 유산을 형평에 맞지 않게 때어 줌으로 인해 큰집 두 백부는 논밭을 물러 받아 철마다 소출이 있어 먹 거리로 풍족했으니 차별로 인한 경제적 소외와 박탈감은 지금껏 잊혀 지지 않는 의문과 상처로 남아 있다.

우리 조상으로부터 전통가옥은 작든 크든 마당을 텃밭으로 삼지 않았다. 타작을 할 때나 열매를 널고 말리기에 충분한 공간이 필요했고 여름엔 평상도 놓아야했으니 말이다. 하지만 필자의 집은 작은 마당이기도 했지만 먹 거리 풋것이 절실했기에 어머니는 마당 가장자리에 울을 치고 얼마의 채소를 가꾸었다. 좁은 뒤뜰에는 약간의 대나무가 담을 대신하던 차에 봄비가 내리고 나면 뒷날은 죽순이 올라와 나물 반찬이 되기도 했다. 그 중 머구는 흔하디흔한 채소였다. 주로 담 밑이나 뒤뜰에서 자란 머구를 꺾어 어머니는 밥상을 꾸렸는데 봄철이면 내내 머구를 먹어야했다. 데쳐낸 머구 잎은 쌈으로, 줄기는 된장이나 젓갈에 무쳐 상에 올린다. 허구한 날 입에 쓴 반찬을 먹어야 했으니 단 맛 반찬의 만날 날은 멀기도 했다. 필자의 유별난 식성이라 치부하기엔 어린아이의 입맛은 전혀 고려되지 않은 식단이었다. 어떤 아이가 쓰디쓴 채소를 먹어 낼까. 자랄 때 아이들의 식성은 단 음식이다. 하지만 단 맛의 반찬은 별로 경험하지 못했다. 주로 야채일색의 찬거리이니 설탕 사용은 드물었고 모처럼 단 음식을 맛볼 때는 사카린을 넣었다.

반찬투정은 사치며 있을 수 없는 일이다. 어머니와 마주한 밥상은 언제나 맛있게 먹는 것 밖에 없다. 쓴맛에 구역질이라도 했다면 그날에 밥숟가락은 바로 내려놓아야 한다. 그리고 "이 노무 손아 배가 불러 그라제?"금방 벼락이 떨어지니 참고 억지로 먹어야 했다. 밥상을 놓고 식상한 날이 많았으며 머구의 쓴 맛이 어린 성장기의 쓴 맛이 되어 고생의 날들로 기억 된다.

작금의 아이들의 식 습관이 우려를 넘어 심각한 수준이라 여겨짐은 자연 식품보다 가공식품 위주의 식단이 차지하고 있다는 점이고 단 음식의 고 칼로리가 문제가 되는 것이다. 아이들의 비만을 들여다보면 성인들이 앓는 고지혈, 심혈관 질환, 당뇨 등등이 나타나고 있다는 것이다. 거기다 뛰어 놀고 신체를 가볍게 할 운동이 부족하니 당연한 결과로 나타난다. 젊은 부모세대들의 건강 식단에 대한 몰이해와 대량생산으로 쏟아지는 가공식품의 편한 먹 거리는 장만에서부터 간단한 조리가 편승하니 페스트 푸드가 자리 잡게 되고 자연식품을 조리하는 수고는 기꺼이 생활화 하지 못하는 형국이 되고 만다. 그들이 그렇게 자랐으니 보고 배운 대로 살고 아이들도 그렇게 키우고 있는 것이다. 영양과잉도 문제지만 더 큰 문제는 고 칼로리 섭취라 할 수 있다. 이런 식단으로는 어린이들로 하여금 건강한 성장을 보장할 수 없다. 음식은 신체는 물론 정신 건강에까지 영향을 미친다. 정서와 심리가 불안하고 의지가 약해 외부의 상황이나 스트레스에 약해 쉽게 좌절하며 끈기가 없어 문제해결 능력이 떨어진다는 것이 여러 임상 검증의 통계가 말해주고 있다.

필자의 세대는 잘 먹지 못하고 잘 입지 못하고 자랐지만 그 시대의 의료수준에 비하면 병약하지 않고 기초 체력이 다소 부족하지만 부모로부터 물러 받은 유전적, 체질적 약함 외에는 강한 정신력과 의지와 끈기가 오늘날 국가와 사회를 일으켜 세운 세대라 말할 수 있다.

어머니와의 밥상은 기억하고 싶지 않은 쓴맛 일색이지만 그것이 몸에 양약이 되고 특히 머구의 쓴 성분은 폐와 호흡기에 좋으며 간 기능 회복에도 효과가 있다는 것이다. 비타민 A와 칼슘이 풍부한 알카리 식품으로 혈관계통에도 좋아 뇌졸중 예방에도 뛰어난 효과가 있으며 또한 위를 튼튼하게 하고 식욕부진을 막아주는 천연 항암제라는 말이 있으니 가히 만병통치 제라 여겨지는 귀한 식물이다. 머구가 채소의 범위를 넘어 뛰어난 약리적 효능이 쓴 맛에 있다면 단 맛에 길들여진 모든 일상을 돌아보아 각성의 기회로 삼아야 할 것이다. 명예와 권력의 단 맛, 부정과 부패, 이기적 탐욕의 단 맛, 돈의 단 맛에 환장한 모리배들, 이 땅에 수도 없이 사리사욕의 단 맛에 빠져 질서를 어지럽히는 족속들은 쓴 맛의 의미를 깨달아야 한다. '입에 쓴 약이 몸에 좋다'는 회자되는 말은 여러 경성의 의미를 가지고 있음이다. 또한 쓴 소리를 듣기 싫어하는 세태에 겸손하고 논리적인 쓴 소리를 하자. 그리고 듣자. 잘하고 잘 받아들이면 인격적 성숙을 도모할 수 있고 신뢰 회복의 사회가 될 것이다.

> "욕심이 잉태한즉 죄를 낳고 죄가 장성한즉 사망을 낳느니라" **약1:15**

이기심

사람은 태어난 환경과 양육과정에 따라 유·초등의 성장 시기를 거치면서 그 체계속의 문화와 정서에 길들여지고 인격 형성에 지대한 영향을 받는다. 따라서 후일 성인 사고의 프레임까지 고착 시킬 수 있다. 필자는 조상대대로 이어온 유 불교 집안에 태어나 암울한 시대와 맞물려 팍한 성장 시기를 보냈다.

혼돈과 분출의 사춘기 때 어느 날 고향 친구를 따라 교회를 출입하며 유·초등 시기에 경험한 것과 또 다른 신앙의 대상이 있음을 알게 된다. 노도 질풍의 시기를 신앙의 힘으로 넘기고 세계관과 인생의 전환점이 되어 지금은 개척교회

목사로 전날을 회상하지만 필설로 면면을 대할 수 없는 험한 세월들이 켜켜이 쌓여있다.

> "하나님이 모든 것을 지으시되 때를 따라 아름답게 하셨고 또 사람에게 영혼을 사모하는 마음을 주셨느니라"
>
> **전3:11**

동서고금을 막론하고 시대를 따라 명멸해간 인간사는 시련과 아픔이 점철 되어있다. 작금의 우리는 풍요의 시대를 살고 있는 것 같지만 그 속에 걷어내지 못한 빈곤이 자리하고 빈부격차는 더 깊숙이 똬리를 틀고 있다. 나라의 희망이 청년들이라 하지만 그들은 3포시기를 지나 5포를 두려워하며 깊은 나락으로 떨어지고, 금 수저 흙 수저는 여전히 그 존재를 드러내며 천박한 계급 문화로 균형을 깨트린다. 풍요 속에 빈곤이라는 말은 비단 물질만이 아닌 정서와 인간성의 결핍이며 곧 메마른 영혼의 가뭄이다. 영적 결핍은 정치, 경제, 사회, 교육, 문화의 모든 영역에 악 영향을 미쳐 구석구석이 병들고 썩어 질서를 잃어 중증 환자의 꼴이 되고 다급한 수술을 요구 받고 있다할 것이다.

자고나면 변하는 초스피드의 정보 통신 과학은 숨 쉴 여유를 허락하지 않고 당장에 적응과 해결을 재촉하니 여유 없는 상황들은 인간성을 흠집 내고 순수성을 상실하게 한다. 과거에 궁핍하던 시절에는 물질이 핍절했으나 인간성은 순수했고 이웃이 있었고 나와 다름을 인정하며 나누었다. 그러나 지금은 상실의 시대를 지나 말세를 살고 있다. 가치가 편향적이며 이기적 욕구만 분출 되고 있으니 삭막하고 황량한 건조함이 심령을 더욱 마르게 한다. 변하는 시대 상황은 점점 몰인정, 이기의 극단을 치달으며 사람들은 좀처럼 맘 문을 열지 않는다. 무정하고 외부적 환경에 관심이 없다. 따라서 전도가 안 된다. 교회도 세상가치와 풍조에 물들어 부익부 빈익빈이 고착 되고 해마다 세상을 향하여 걸음 하는 애송이 목자들은 설 곳이 없다.

개척교회라 함은 교회의 행정력 요구에 미치지 못하는 소수 교회의 실태를 말함이다. 기득권을 가진 자들이 배려하고 나눌 생각이 없다. 나누어야 함에도 움켜지고 놓지 않는 것은 손해를 생각하는 이기적 발상이며 약자를 향한 흉기나 다름없다.

이기심은 본인 중심 적 사고로 타인에 대한 배려심이 부족하고 자신의 이익만을 생각하는 인간의 본능적인 모습일지 모른다. 동물학자 오바라 요시아키는 '이기적 본능'에서 '자신의 이기적 본능에 따라 좀 더 이득이 되는 쪽으로 행동한다.'고 말하고 있다. 개인이든 조직이든 본능만을 쫓아 사는 것은 인간 사회의 삶이 아니다.

음악 목회를 거쳐 일반사역을 한지 5년을 넘기고 있으나 능력부족으로 교회의 성장을 이루지 못해 안타깝고 한계를 느낀다. 반면에 괄목할 성장을 이루는 교회가 더러 있다. 유능하고 인기 있는 목사들일 수도 있지만 반듯한 교회당 건물이 눈길을 끌어 발길을 옮기는 경우도 있다. 이런 경우는 전도를 통한 성장보다 주로 교인의 수평 이동이 많고 그 속을 들여다보면 현대교인들의 신앙생활 패턴을 읽을 수 있다. 이런 저런 교회 성장의 요구에 대해 부담 없고, 편하고, 별 노력 없이도 교회생활을 할 수 있는 곳을 찾으니 그런 조건에 부합하는 교회가 눈에 뛰게 성장세를 과시하고 있는 것이다.

딸들이 독립하여 가정을 이루고 그들 나름대로 신앙생활을 하고 있다. 아비가 개척교회를 섬기는 것을 안다. 교회의 어려운 형편과 실상을 잘 알고 있으리라는 당연한 확신에 회의가 들 즈음엔 그들의 양식에 낙심하고 만다. 딸들이 객지에 살며 출석할 교회를 찾는 일로인해 무심하고 이기적인 행위를 보게 된다.

물론 규모와 조직이 잘 된 교회에 출입을 하고자 하는 이유는 있다. 큰 교회 일수록 제반 교육 시스템이 갖춰져 있으니 두말 할 여지는 없다. 결국 딸들은 규모가 있는 교회만을 생각한다. 개척교회를 하며 애태우는 아비 생각은 안중에 없다.

개척교회를 어렵게 섬기는 아비는 아비 일이고 저들은 그들의 의도대로 사는 것이다. 옆댕이에 붙어살면 모를까 아비를 생각하며 개척교회를 도와 헌신할 생각은 추호도 없다. 이기심이 앞서기 때문이다. 피를 나눈 골육일지라도 신앙과 구원 문제는 개인적이나 섬기는 방법은 나름의 가치 성향을 따라 다를 것이다. 좀 더 타고난 기질과 성품이 이타적이라면 남의 어려운 형편을 눈 감지 않고 배려의 씀씀이 들어날 것이요. 좀 더 이기적인 유전자를 물려 받았다면 선한 이웃은 되기가 어려울 것이다.

그러나 그들은 그 부모의 성향을 닮아 태어나고 사는 것이니 어찌 그 행위를 탓할 수 있으랴…… 선한 목자가 되어야 할 목회자의 이름은 가졌으나 이기심이 많은 나를 먼저 돌아봐야 할 것 같다.

> "범사에 여러분에게 모본을 보여준 바와 같이 수고하여 약한 사람들을 돕고 또 주 예수께서 친히 말씀하신 바 주는 것이 받는 것보다 복이 있다 하심을 기억하여야 할지니라"
>
> **행20:35**

훈계 유감

나라꼴이 걱정되는 작금이다. 나날이 소식과 소문은 듣지만 희망적인 것이 별로 없다. 정치가 나라 발전의 선두주자가 되어야 함에도 불구하고 걸림돌이 되고 벌써부터 개혁대상이요 혁파되어야 할 무리로 낙인의 세월이 오래다. 얼마 전 모 언론사의 여론조사에는 최하위 불신 조직이요 국민을 울하게 하는 파렴치 집단으로 나왔다. 멀쩡한 선량이 그기만 들어가면 한 통속이 되고 만다.

경제는 중국의 대약진과 일본의 엔 저로 인해 점차 경쟁력을 잃어가고 우리의 초 인류 기업인 S그룹의 경영 분기 실적은 반 토막이 되어 걱정이 태산이다. 따라서 청년 실업자와 고령사회로 접어든 실버들의 일자리 부족은 100시대 삶의 된비알이다.

사회도 구석구석이 기강이 무너지고 도덕적 해이는 이미 갈만치 다 간 위태한 절벽에 선 형국이다. 생각건대 원인은 압축성장과 발전에 따른 가치관과 인간 교육의 결여로 사회 각 분야에서 봇물처럼 터져 나온다.

종교계조차 양심과 윤리와 도덕의 최후의 보류임에도 비 양심, 비 윤리, 비도덕, 무질서로 신뢰를 잃었다. 이미 종교 지도자들의 타락은 세속적 가치 속에 매몰되어 물신과 물질 만능, 배금주의의 깊은 수렁에 빠져있다. 지도자들의 영안이 어두우니 시정잡배들의 행위를 따라 일탈적 불륜의 구린 냄새를 날리고 있다.

국가의 안보를 책임지는 신성한 군대는 심각한 기강해이에 몸살을 앓고 타락한 성문화가 군 지휘부까지 파고들어 사단장의 부하직원 성추행 사건은 특수조직인 군에서는 들을 수 없는 소문임에도 우리의 부끄러운 현실을 확인 시켜주고 있다. 윗물이 맑아야 아랫물이 밝은 법, 잊혀 질 만하면 터지는 사병들의 탈영과 총기사고 자살사건을 접하는 국민은 암울하고 허망한 소식을 피할 길 없으니 울가망할 따름이다.

나라가 OECD 국가의 일원으로 1위가 칠팔 가지나 된다. 자살률은 10년째 1위다. 인구 10만 명당 2011년 기준 33.3명으로 회원국의 3배에 가깝다. 성형수술, 항생제 소비량, 청소년 불행지수도 세계 1위를 달리고 있다. 실로 부끄러운 자화상임을 부인할 수 없다.

세상 모든 이치에 원인 없는 결과가 없듯이 사람이 내면을 채우지 못한 속이 허한 결과다. 일찍부터 다잡지 못한 인성교육이 송아리로 터져 나오는 것이다. 급속한 산업화 사회는 인구의 도시 집중화를 불러 왔고 전통적 가족체계가 해체 되고 핵가족 사회로 분화 된지 이미 오래다. 따라서 너 죽고 나 살자는 경쟁적인 틀에서 살아남기 위한 인간성은 몰염치와 이기심으로 상대를 꺾지 않으면 도태될 수밖에 없어 너도 나도 따라하고 끌려가는 황량한 세태에 노출 되어 있는 것이다.

'세살 버릇 여든까지 간다.'는 속담은 철들기 전에 가르치고 훈계하라는 의미이다. 그러나 지금은 가정에서 타일러 가르치고 주의 시키는 교육이 겉돈다. 버릇 교육이 겉도니 무례하고 이기적인 본능만 속을 채운다. 아이 기 살린다고 나무람을 게을리 하고 야단을 안치니 제 소견대로 자란다. 반드시 야단을 쳐야 한다. 배려 심과 정서가 건조한 사람이 될 수밖에 없다. 학교에서도 일등을 길러내는 공부벌레 양육기관이 된지 오래다. 인성교육의 프로그램은 있으나 교사들은 실행할 사명과 의지가 없다. 잡무가 많으니 곁눈질만 하다 마는 꼴이다.

별 고생을 모르고 심약하고 허우대만 멀쩡한 부실한 성장은 고달프고 힘든 꺼리 앞에 극복할 정신적 육체적 기초가 없어 상황 앞에 무너지고 만다. 청소년들과 젊은이들이 힘들어 하는 사회는 희망이 없다. 모두 어른들의 책임이다. 기성세대가 각성하고 윤리와 도덕을 회복해야 한다. 그리고 자라나는 아이들을 제대로 훈계해야 한다.

> "대저 명령은 등불이요 법은 빛이요 훈계의 책망은 곧 생명의 길이다" **잠언6:23**

둘째딸이 결혼해 아들 두 녀석을 두었고 예닐곱쯤 되니 천방치축이다. 가끔씩 친정을 다녀간다. 지난 달포쯤에 또 손주 녀석들을 보게 되고 식구가 벅적이니 사람 사는 맛이 난다. 또한 번잡을 감수해야 한다. 이들이 머무는 동안 내 관심은 올곧은 자람을 지켜보는데 있다. 따라서 행동거지가 성에 차지 않으니 그냥 넘어가지 못하여 훈계한다. 이들이 평소에 부모 아래 경험하지 못한 꾸지람과 야단 앞에 놀랄 것은 당연하다. 그래서 할아버지가 무섭고 정이 안통 할 수도 있다. 부모 된 이들은 그들의 교육방식과 다름에서 과함과 섭섭한 감정을 내색치 않고 숨긴다.

나는 직업상 몸에 밴 체질과 직책상으로 허튼 꼴을 그냥 보아 넘기지 못하는 편이다. 타고난 성격에다 유교적 권위주의 보수적 엄한 환경에서 성장했으니 이즈막 세대들의 가정교육은 감질나고 성에 차지 않는다. 똑 부러진 훈계와 야단이 없다. 교육을 위한 부모들의 의지보다 아이들의 욕구와 의지에 홀리는 현상이다.

"매를 아끼는 자는 그의 자식을 미워함이고 자식을 사랑하는 자는 근실히 징계하느니라." **잠언 13:24**

녀석들이 할아버지 집에 오가는 즐거움이 많은 대신 귀가 후 들리는 소리는 퍽 언짢고 참참한 기분이 든다. 외가 집에 갈 때마다 야단치는 할아버지가 싫다는 것이다. 그리고 지어

미에게 간접적으로 들은 말은 아빠가 너무하다는 것이다. 제 자식을 사랑하지 않는다는 말이다. 사위도 거들며 장인께 교육방식에 대한 항의를 해대겠다고 벼른다는 말을 들으니 참 어이가 없다. 그들의 교육방식에 맞지 않는 아비의 손주 사랑을 폄하하는 짓이다.

젊은이의 나무람은 늙은이의 사랑이라 했는데 할아비가 어느 손주를 사랑하지 않을까……. 단지 관심과 사랑하는 방법이 그들과 다를 뿐이다.

"마땅히 행할 길을 아이에게 가르치라 그리하면 늙어도 그것을 떠나지 아니하리라" **잠언22:6**

요즈음 아이들과 젊은이들의 심약한 의지와 정서는 제대로 된 훈계가 없었음을 말해주고 있다할 것이다. '자식은 내리 사랑이라 했던가.'그들도 귀하고 복 받을 자들이지만 손주들은 더 많은 관심과 사랑을 주고 축복하고 있음을 왜 모르는가…….

"훈계를 저 버리는 자에게는 궁핍과 수욕이 이르거니와 경계를 받는 자는 존영을 받느니라." **잠언13:18**

가을 야구

대개 프로운동 경기를 운용하는 구단은 지역 연고를 갖고 출발한다. 지역 연고를 맺는 데는 여러 상당한 이유가 있을 것이지만 무엇보다 기업의 이미지에 따른 홍보 효과와 상업적 이익 창출에 정책적 목적을 둘 것이다. 따라서 부산도 구기 종목으로 몇몇의 프로 구단을 가지고 있는데 KT의 남자 농구단, 아이파크의 축구단 등이다. 야구 시즌이 끝나면 실내경기인 농구 배구가 시작 되고 축구는 야구와 그의 비슷한 시기에 시즌을 끝내고 한 겨울은 전지훈련을 통해 다음 시즌을 준비한다. 그런데 '부산'하면 단연 롯데 자이언트 야구단이다.

사람들은 각각 관심을 갖고 선호하는 운동경기가 있는데 필자는 줄 곧 야구경기에 시간을 활해하며 경기장을 찾을 때도 있지만 주로 집에서 TV시청을 하는 편이다. 야구는 구장관람을 하던 tv시청을 하던 많은 시간을 소모하게 되고 경우에 따라 성적과 관련해 인내를 강요당한다. 따라서 야구 시즌이 되면 방송 채널을 두고 아내와 실랑이가 벌어진다. 거실에 한 대 tv를 놓고 있으니 입씨름이 벌어질 수밖에 없다. 그러다 어느 날 아내도 야구에 관심을 가지고 게임 스코어를 읽을 정도로 흥미를 가져 보지만 너무 긴 경기 시간으로 인해 늘 불만이 있다.

요즘 젊은이들은 남녀를 가릴 것 없이 야구를 즐기며 구장을 찾는데 여성 팬이 더 많을 것 같은 착각을 일으킨다. 프로경기의 순위 다툼을 두고 지역 연고를 가진 야구단에 거는 기대와 성원은 구단을 불문하고 열성적인 응원을 하게 마련이다. 야구장 관람석에는 남녀 커플이 서로 자기 연고 구단 유니폼을 입고 앉아 매 이닝이 지날 때 스코어의 변화에 따라 희비의 쌍곡선과 어깨 싸움이 일어난다. 한쪽은 만족한 웃음에 상기 된 표정이지만 다른 한쪽은 똥 씹은 몰골을 하고 티격태격 한다. 그 순간만큼은 연인 사이가 아닌 원수 사이가 된다. 이 장면을 놓칠세라 중계카메라는 절묘한 타임에 클로즈업 시킨다. tv시청의 또 다른 볼거리가 되는 셈이다.

롯데 자이언트에 대한 부산의 야구팬들은 소문난 야구광이 많다. 그 덕에 10개 구단 중에 성적에 상관없이 구단의 인기는 둘째가라면 섧다. 롯데 구단이 웬 만큼의 성적을 내주면 사직구장은 자석매진에다 신바람 나는 선수 개개인의 응원송이 재창 되고 남녀노소 할 것 없이 황색 비닐봉지를 머리에 거꾸로 쓰고 양쪽 귀에 걸고 있는 장면은 부산 사직구장만의 유일한 응원문화의 볼거리다. 또한 '돌아와요 부산항' 이란 대중가요는 응원가의 단골메뉴로 일제히 재창이 될 땐 구장이 떠나간다. 이런 장면을 외국 언론이 놓치지 않고 영국 BBC 방송 인터넷 홈페이지는 "세계에서 가장 열정적인 스포츠팬의 응원을 보고 싶으면 부산으로 가라"했으니 과연 사직구장은 세계에서 제일 큰 노래방이 아닐 수 없다.

매년 시즌이 되면 롯데가 부산 연고팀이라 애착을 가지고 성원을 보내지만 롯데 자이언트처럼 많은 관심과 응원을 받고도 지독히도 배신을 때리는 팀이 어디 있을까 싶다. 연패를 밥 먹듯이 하는 꼴을 보면 다시는 롯데 경기를 안 보겠다고 결심하고 tv채널을 돌려 버리건만 모질지 못하고 이내 은근슬쩍 야구 하이라이트를 챙기고 이튿 날 신문을 받아들면 스포츠 기사를 먼저 챙기는 꼴이 우습기도 하다.

주말을 제외한 주중 경기는 오후 6시30분에 열리니 꼭 저녁 식사시간쯤 된다. 그러다 보니 tv화면을 식탁 쪽으로 방향을 틀고 식사 중 보게 되는데 대충 2회 말에서 3회 초 정도 경기가 진행 되면 식사 끝나는 시간과 얼추 맞으나 롯데 선발 투수가 초반부터 얻어맞으면 밥이 어디로 넘어 가는지 모르고 열이 채여서 소화 불량이 일어난다. 여러모로 도움이 안 되는 롯데다. 광팬들은 이윽고 빗 덴 말을 만들어 내고 마는데 4년 연속 꼴찌수준을 못 면하니 붙은 별명이 '꼴데'다. 또 어떤 시즌에는 봄에만 반짝하고 시범경기만 기세를 올리다 다시 제자리로 돌아가니 '봄데'라는 별명이 붙었다.

부산사람들이 타 지역에 비해 특히 야구를 좋아하는 이유는 바다를 끼고 사는 사람들의 화끈한 기질에 맞는 것인지 모르겠다. 어떤 분석에 의하면 부산이 야구 도시가 된 배경에는 1970년대 산업화 과정에서 도회지로 몰려나온 인구증가와 소위 공돌이 공순이들의 노동으로 인한 스트레스 탈출구가 여자들은 영화를 보는 낙이고 남자들은 야구였다는 것이다.

롯데의 대명사는 단연 '최동원' 투수다. 짧은 인생을 살고 갔지만 그는 한국야구를 대표하는 걸출한 선수였다. 1984년 한국시리즈 결승에 진출한 롯데는 최동원 이라는 전설적인 선수로 하여금 우승을 거머쥐었다. 그는 혼자 4승을 거두는 전대미문의 기록을 세웠다. 팀을 위한 그의 헌신은 불굴의 투지였고 "할 수 있겠느냐"는 감독의 절실한 물음에 "마 함 해 보입시더"라는 외마디 투혼으로 이뤄 낸 기적의 우승이었다. 그의 사후 프로 야구 사상 처음으로 동상이 세워지고 '무쇠팔 상'의 이름으로 해마다 최우수 투수에게 수여 되는 상을 탄생 시키게 된다.

롯데 팬들은 해마다 숙원이자 목마름의 외침으로 '가을에도 야구하자'라는 현수막을 내 건다. 그런데 지난 몇 년간 하위권을 맴돌던 롯데가 올 하반기에 들면서 7위에서 3위까지 치고 올라서더니 준 플레이오프까지 진출하는 신바람을 일으킨다. 미국 메이저리그에서 돌아 온 4번 타자 '이대호'의 효과가 나타난 것인지 모르겠다. 2012년 후 5년만의 가을야구다. 부산 롯데의 뚝심이 살아난 것일까. 흥미로운 것은 7

위에서 3위로 페넌트 레이스를 끝내기까지 후반기 성적은 거의역전승으로 장식한경기다. 그러니 팬들의 오금이 얼마나 저리고 애간장을 태웠을까. 에둘러 패전을 감지하고 포기하는 팬들을 마술 같은 게임으로 심장을 뒤집어 놓는다. 야구의 클라이맥스는 역전이고 피날레의 장식이다. 구장에 끝까지 남아 응원한 보람이 차고 넘친다.

2015년 9월 타계한 뉴욕 양키즈의 전설적인 포수 '요기 베라'는 "야구는 끝날 때 까지 끝난 것이 아니다"라는 명언을 남겼는데 올해 롯데 야구는 나름 요기 베라의 명언을 증명하는 한 시즌이었다. 각 구장마다 응원 팻말도 볼거리 중 하나다. 팬 중에는 기발한 문구로 선수단을 압박하는데 가장 재미있는 피켓은 사직구장의 "롯데가 이겨야 집구석이 편하다"이고 같은 연고를 가진 울산 구장에서는 "롯데가 이겨야 집안이 조용하다"라는 유사 용어가 응원석으로부터 불쑥불쑥 솟아오른다. 생각하면 가장 현실적인 표현이고 실감나는 말이다. 몇 년 동안 하도 지는 게임에 이력이 낫지만 경기 후의 기분은 실로 언짢고 잠도 편하게 들지 않으니 하는 말이고, 감정전이는 엉뚱한 데서 터지게 되고, 금방 해소 되는 것이 아니기 때문이다.

야구경기를 볼 때마다 간과할 수 없는 여러 상황들은 어쩌면 인생의 축소 된 한 측면을 엿보게 한다. 야구 규칙상 정규 이닝은 9회까지 승부처로 하되 동점일 경우 12회까지 연장전으로 돌입하고 끝내 승부가 나지 않으면 무승부로 처리 된다. 프로 경기는 이기는데 목표가 있다. 인생 또한 성공에 목표를 둔다. 승리는 준비 된 자의 것이기도 하지만 항상 그 열매를 딸 수 없다. 수확물 중에는 단 것과 쓴 것, 설익은 것과 병든 것이 혼재한다. 따라서 단 것으로만 기쁨을 누릴 수 없으니 미흡한 것이 채찍이 되어 아픔을 주지만 그 쓴 맛으로 경성케 하며 인고의 노력을 요구한다.

승리의 조건은 기회를 놓치지 않고 힘써 얻을 수 있는 결과물이자 영광이다. 인생의 성공도 기회의 가치를 선용할 때 이룰 수 있고 그 과정은 고난이요 결과는 기쁨이리라. 고난 없는 영광은 없는 법이다. 사람에게 주어진 때를 허랑방탕하고 분별없이 세월을 낭비했다면 후회의 성적표를 받을 것이다.

야구는 한 경기에 세 번 정도의 기회를 잡는다. 이길 수 있는 절호의 때이지만 미흡하고 부실한 작전은 그 기회를 상대에게 넘겨주고 만다. 야구의 희생타는 위기와 기회에서 팀을 구해내는 작전상 요구되는 타법이다. 인생의 여정도 마찬 가지로 한 사람의 희생정신이 있다면 조직과 사회를 위기에서 구해 낼 수 있다. 하나님은 죄로 죽은 인생을 살리시려고 예수 그리스도를 이 땅에 보내시고 십자가에 달리는 희생으로 인류를 구원하셨다.

> "하나님이 세상을 이처럼 사랑하사 독생자를 주셨으니 이는 그를 믿는 자마다 멸망하지 않고 영생을 얻게 하려 하심이라" **요3:16**

페넌트레이스에서 우승하는 팀이 하나이듯이 한국시리즈에서 우승하는 팀도 하나다. 모두가 우승할 수 없고 상 받는 팀은 하나다. 상은 그저 주어지고 받는 것이 아니다. 삶의 상은 자기와의 치열한 싸움에서 이겼을 때 비로소 획득할 수 있는 가치의 이름이다. 뼈를 깎는 고통의 수고와 흘린 땀이 상을 가질 수 있다.

> "운동장에서 달음질하는 자들이 다 달아날지라도 오직 상 받는 자는 하나인 줄을 너희가 알지 못하느냐 너희도 얻도록 이와 같이 달음질 하라" **고전9:24**

나에게 산은?

우리나라는 삼면이 바다요 국토의 70퍼센트가 산이다. 맘먹기에 따라 쉽게 산에 오르고 바다도 접할 수 있다. 지구가 병들고 황패 화 되어가지만 그래도 뚜렷한 사계절을 보고사니 복 받은 나라임에 틀림없다. 취향에 따라 바다와 산은 갈리겠지만 나는 산이 좋다. 이순을 넘기면서 나에게 산은 삶의 거울에 프리즘으로 나타난다.

예닐곱 살로 기억 되는 산길은 두려움과 공포의 현장이었다. 어른이 되고서야 야트막한 산길이라는 것을 알았지만 그때는 넘기 힘든 재로 여겼고 6.25사변 이 후 탄피를 분리하는 작업장에 일하는 어머니의 점심 도시락을 가끔 배달해야

하는 막중한 일을 외조모는 거리낌 없이 시켰다. 동네에서 산 어귀를 들어설 때면 먼저 대나무 밭의 오솔길을 지나야 하는데 거기서부터 온 몸은 얼어붙는다. 바람에 부딪히는 대나무 숲의 사갈에 질려 머리끝이 서고 움직일 수가 없다. 산길을 가는 중에는 살쾡이와 여우도 만날 때가 있으니 얼마나 무서웠을까…… 왜 이토록 할머니는 가혹한 일을 시킬까 한 없는 원망과 공포, 심리적 압박으로 점철 된 시절이었다.

나이가 들어 여남은 살이 되면서 산은 땔감을 찾아 오르는 생존의 터였다. 그때는 동족상잔 비극의 후라 모든 환경이 열악했고 핍절과 궁핍의 시절이었다. 땔감은 모두 산에서 찾아야했으니 앞산과 뒷산은 몇몇 키 큰 소나무 외에 민둥산이 된지 오래고 재를 넘어 지게 짐을 져야하는 고난과 시련의 산이었다. 해 짧은 겨울에는 나뭇짐을 못 채워 울고불고 반 짐으로 내려오는 때가 많아 충분한 군불을 못 집힌 새벽녘은 추위에 오그려들어 몸이 경직이 일어난다.

나이가 더 들고 세월이 좋아지니 산은 여가와 낭만의 장소가 된다. 청춘을 노래한다면 산과 바다가 시적 메뉴에 오른다. 나라의 경제의 규모가 잡히니 산림도 풍성해 어딜 가나 짓 녹색 초목을 볼 수 있으니 청춘의 사랑도 더 깊어질 것이다.

나이가 반백을 넘어 이순을 지나니 산은 가까운 동반자로 안식처가 된다. 한 주에 너더댓은 산에 오르면서 목격하는 현상은 산에 젊은이가 안 보인다는 사실이다. 물론 일을 해야 하니 그렇다 치고, 모두 늘그막의 노인들이다. 산 입구 쪽 두어 개 평상에는 삼삼오오 모인 노인들의 장기와 훈수로 시끌벅적하다. 산은 태고이래로 늘그막의 인생을 품으로 안는다. 어차피 인생의 종말은 조물주의 섭리대로 흙에서 왔으니 흙으로 돌아가야 하는 필연에 놓여 있으니 말이다. 자연으로 돌아가고 산에 누어야 하니 미리 산을 가까이 하고 돌아가야 할 날을 준비해야 하는 것이리라 산에서 만나는 사람들은 거의가 노인들이다. 건강을 도모한다는 핑계로 가서 누어야할 곳과 미리 친해지는 연습이 아닐지 모르겠다.

| 서평 |

이동훈의 수필세계
: 수필과 설교의 조합

박 양 근

(문학평론가, 부경대 명예교수)

열면서

글의 힘은 문장과 언어에 있다. 글의 진정한 힘은 삶에서 솟구치는 희망에서 분출한다. 작가라면 모름지기 진실과 진리가 담긴 글로써 사람들의 삶을 윤택하게 해줄 책임이 있다. 만일 작가의 글이 영혼을 밝게 비추고 올바르게 생육시킨다면 신이 전하는 가르침과 비슷해진다. 따라서 누구나 사용하는 언어가 아니라 작가 자신의 영적 체험을 바탕으로 독자의 영혼을 일깨워야 한다. 그런 수필가는 정결한 육신과 맑은 영혼을 지키는 작가라고 말할 수 있다.

문학 장르 중에 가장 순수하고 꾸밈이 없는 글이 수필이다. 프랑스 언어학자인 모리스 블랑쇼는 글쓰기란 나 속에 있는 타자를 훌훌 털어내는 것이라 하였고 미국문학평론가 수잔 손택은 '심미적 소비주의'라고 불렀다. 두 사람의 말을 합치면 수필은 "언어로 현실을 확인하여 경험을 고양하려는 욕망"이라 하겠다. 진실만이 독자를 끌어당길 수 있다는 수필이 내적 진실을 드러내면 종교적 고백에 가까워진다.

이동훈 수필가는 개척교회인 다사랑 교회 담임목사로 재직 중이다. 해운대를 모태로 삼아 성장하였으며 워싱턴 신학대학원 박사과정을 거쳤고 동서대 콘서바토리 교수를 역임했다. 2011년 한국수필 신인상을 수상하고 ≪추억의 곱다란 쪼가리≫(2007)와 ≪내 안의 매미≫(2012)를 출간하였다. 〈책머리〉에서 그는 인간의 모든 행위는 '적나라한 모습으로 드러나게 되며 자신에게 엄격한 절제의 잣대'를 댐으로써 '솔직하고 올바른 교훈적 질문'을 던진다고 말한다. 나아가 목사인 만큼 하나님이 주신 은사로서 글을 쓰고 있다고 밝힌다.

이동훈 목사의 수필은 남다르다. 자신을 털어내는 경험을 고양시켜 인간으로서의 정직함과 목회자 본연의 진실을 경건한 기도 같은 문장으로 표현한다. 그렇기 때문에 독자들도 자연스럽게 언어로 육화된 철학적 단상을 찾아낸다. 세 번째 수필집 ≪건더기와 국물≫에 실린 마흔 편 수필이 거듭거듭 사랑과 구원을 알려주므로 이동훈 삶의 여정과 신앙고백을 공유할 수 있는 것이다.

제 1장 해운대 엘레지와 토포필리아

이동훈 작가의 고향은 개발 전의 해운대 오산 시골 마을이다. 지금은 현대화 된 해운대 아파트 단지로 돌아와 살고 있다. 상전벽해처럼 변해버렸지만 해운대에 대한 토박이로서의 애증은 남다르다.

땅이라는 자연에 대한 인간의 정서적 반응을 이론으로 체계화한 사람은 중국계 미국인 인문지리학자 이 푸 투안(Yi Fu Tuan)이다. 그는 개개인이 특정 장소에 지닌 특별한 반응을 인문학적으로 해석하여 '공간애(Topophilia)'라는 개념을 만들었다. 장소 중에서 출생지, 숲, 공원, 교회 등과 같은 장소에 호의적

감정을 느끼는데 신앙인이나 예술가들은 이러한 곳에 더욱 남다른 애착을 갖고 있다. 음악을 전공한 목사이면서 작가인 이동훈이 품은 해운대의 공간애에는 가난의 아픔과 변화에 대한 경이감이 공존한다. 그 변 곡선이 문학의 소재로서 자리하고 있다.

> 적어도 고향의 추억이라면 풀냄새를 맡고 흙에서 뒹굴고 강이나 뒷산 아래 소에서 멱 감고 겨울엔 연못에서 스케이트를 타고 깊은 우물의 시원한 냉수를 퍼마시고 한여름 밤엔 수박과 참외밭을 서리하다 멱살 잡혀 혼쭐나고 밀밭을 습격해 불에 그슬어 먹고 입가와 손바닥이 온통 숯검정으로 칠갑을 한 경험이 있어야 한다. 그러나 지금은 사라지고 없는 그때의 고향풍경은 수십 년 전에 시골에서 태어난 자들만이 이야기 할 수 있다.
>
> - 〈고향골목 복원〉 일부

이동훈은 고향의 조건으로 추억거리를 내세운다. 소년시절의 장난기가 재현될 장소가 사라지면 더 이상 고향이 아니다. 성인이 되어 돌아온 해운대는 이야깃거리가 없는 메마른 곳일 따름이다. 하지만 다행스럽게 장소애를 가진 곳이 한 군데 남아있다.

> 옛 오산은 여느 마을과 다름없는 시골환경이다. 지금 이사해온 아파트자리는 공교롭게도 큰 백부의 논이 있던 곳이다. 생각하니 참 묘하다… 사촌들이 다 팔고 떠난 자리에 들어와 산다는 것이 세월의 아이러니가 아닐 수 없다. 그러나 옛 흔적들이 모두 사라지는 모습 앞에 아련한 그리움의 풍경을 고집하는 것은 실없는 욕심인지 모르겠다. 아슬아슬하게 남아있는 부락의 큰 길이 이곳이 고향땅 흔적인 것을 증명해주고 있다.
>
> -〈고향골목 복원〉 일부

작가는 옛 신작로와 자신이 태어났던 옛집을 찾아냈다. 집이 시멘트 빌딩숲 사이에서 경로당으로 사용되고 있었다. 유적지 같은 생가를 지켜보면서 이동훈은 과거와 현재에 대하여 언급한 성경의 어느 구절을 떠올린다. '날 때가 있고 죽을 때가 있으며 심을 때가 있고 심은 것을 뽑을 때가 있'(잠언 3:2)다는 인유로서 만사에는 시종始終이 있음을 수긍한다.

그는 고향 해운대로 되돌아오기 위해 서른 번 가까이 이사를 하였다. 〈고향으로 이사〉는 '이사 달인'이라는 별명을 들을 정도로 열네 살에 떠난 후 타지를 전전했던 시절을 흑백사진처럼 회고한 작품이다. 그의 귀향은 금의환향이 아니라 수구초심에 더 가깝다. 신앙의 관점을 빌리면 "인생길은 나그네길이고 영원히 돌아갈 고향은 하나님의 품"으로 표현할 수 있다. 시련을 맞이할 때마다 그는 성서를 빌려와 자신의 심경을 밝히고 사람들에게 신의 섭리를 일깨워준다. 사적 체험과 성서 구절을 인용으로 인생론을 보다 두텁게 펼쳐낸 결과물이 세 번째 수필집 ≪건더기와 국물≫이라고나 할까.

고향 의식은 자연스럽게 가족 소개로 이어진다. 〈늘 엄마, 간혹 엄마〉는 오늘날의 노인세대가 겪는 시련과 부모공양을 잘 하라는 효성을 권하는 두 가지 내용으로 짜여있다. 이동훈은 오 남매를 가진 극빈한 가정의 장남이었고 철재 공장에서 노동을 했다고 술회한다. 제 명을 다하지 못한 선친, 셋째 딸 집에서 살고 있는 아흔 살 모친 등, 가지 많은 나무에 바람 잘 날 없는 식솔들의 사연을 펼치면서 장남으로서의 자책감을 숨기지 않는다. 그 때문인지 모르나 자식과 부모간의 관계를 풀이하는 성경 구절을 거듭 인용한다. '부모를 거역하며 감사하지 아니하며' '네 부모를 즐겁게 하여 네 낳은 어미를 기쁘게 하라,' '네 부모를 공경하라 그리하면 네 하나님 여호와가 네게

준 땅에서 네 생명이 길리라.'라는 구절들은 자아성찰과 신앙 간구의 기능을 함께 수행한다.

해운대에서의 어린 시절은 남달랐다. 지금은 관광특구로 지정되어 부의 이미지가 넘치지만 옛 시절의 해운대는 부산시내와 산 고개로 나뉘어 문명이 단절된 가난한 동네였다. 미군들이 버리는 음식을 얻어먹던 철조망과 보릿고개와 머구는 빈곤의 대명사였다. 그중에서 외상거래는 소년의 자존심에 상처를 입힌 트라우마이다. 소년시절의 이동훈은 어머니를 대신하여 동네 구멍가게에 외상으로 물건을 사러 가곤했다.

> 그 시절에는 코 밑에 풀칠이 어려웠던 때라 다급하게 가게를 찾지만 우리 집은 신용불량으로 낙인찍혀 더 이상 거래가 막히고 만다. 최소한 한 달 치의 외상은 갚아야 하고 다음 달은 가게의 눈치를 살펴야 하는데 나는 어느 가게 어떤 외상장부의 실체도 모른 체 채 어머니의 심부름에 곤욕을 치른다. 어른들은 대면할 면이 서질 않으니 아이를 보내는 상황을 그때는 몰랐고 거절을 당하고 허한 발걸음을 해야 하는 무거운 다리는 궁핍함을 더했다.
>
> -〈외상장부〉 일부

소년시절의 외상은 절대적 가난의 표상이었다. 거절당한 궁핍은 배를 더욱 곯게 했다. 외상거래는 사실 양면성을 지닌다. 경제가 넉넉하고 신용이 있으면 아름다운 인간관계의 예가 된다. 요즈음 작가는 종종 지갑을 깜빡 잊어 동네 편의점에서 외상거래를 한다. 그럴 때마다 행복하고 다행스럽기 이를 데 없다. 그러다보니 외상장부 주인과 빚진 자 간의 무한한 신뢰가 더욱 그리워진다. 팍팍해진 인심 따라 외상거래가 사라지는 현실을 돌아보게 하는 작품이다.

해운대에 대한 그리움과 빈곤의 기억이 함께 하는 소재는 자전거다. 1960년대의 자전거는 매우 유익한 교통수단으로 괜찮은 가정의 자랑거리였다. 작가도 아침이면 단 한 대뿐인 아버지의 출근용 전거를 몰래 끌고나가 해운대 동백섬을 일주했다. 그러던 어느 날 친구를 태우고 달리다가 군부대 철조망에 부딪히는 큰 사고를 당한다. 그 사건과 더불어 더 가슴 아픈 기억은 가정형편이 어려워 학교를 중퇴하고 국제시장 점원으로 일할 때이다. 가족이 그리웠던 작가는 휴일이면 짐자전거를 타고 온 몸이 지치도록 페달을 밟은 끝에 집에 온다.

아침 일찍 출발해서 세 시간을 넘는 사투 끝에 해운대

집에 도착한다. 얼굴은 땀과 소금기로, 눈두덩과 코 밑은 먼지와 매연이 범벅이 되어 거무데데하다. 필자의 고생을 식구들은 별로 실감하지 못하니 씁쓸한 마음에 억울한 생각이 든다. 얼마를 머물렀는지 곧바로 돌아가야 한다. 돌아가야 할 일이 꿈만 같고 엄두가 나지 않는다. 짐자전거만 아니면 안 가고 싶다.

- 〈자전거〉 일부

작가는 고생을 마다하고 해운대 생가를 오간다. 궁핍한 집이지만 자신이 태어난 곳이다. 그래서 황토먼지 풀풀 날리는 시골은 오십 년의 세월이 지나도 가슴에 간직되어 있다. '십 년이면 강산이 변한다'는 말과 달리 심리적 기반을 흔들 수는 없다. 이동훈에게 해운대는 공간애와 가족애가 깃든 무대이다. 오산마을 아파트로 돌아온 때가 노년의 나이이지만 그곳을 떠올리면 추억 소년으로 되돌아간다. 서사로 풀어내는 수구초심이 이동훈의 해운대 엘레지와 동일한 모티프가 되는 연유가 여기에 있다.

제 2장 수필속의 신앙과 설교

수필과 설교는 진실한 언어로 표현된다는 점에서 일치한다. 진실한 이야기는 사적이든 공적이든 인간을 변화시키고 사회를 아름답게 만드는 모습을 지닌다. 수필가든 설교자든 청중의 마음을 감화시키는 언어를 찾는 노력도 간격 없는 의사소통을 이루어 내기 위해서다. 정보보다는 심적 메시지를 전달한다는 점에서 수필과 설교는 더욱 일체성을 갖는다. 나아가 수필이 작가의 체험을 전하고 설교가 영적 지각을 호소하는 차이조차 두 분야가 오감이 충만한 언어를 모두 사용한다는 점에 의해 희석된다. 그렇다면 삶의 성찰과 교훈은 설교수필이 지녀야 할 최소한의 조건일 것이다.

목사 이동훈의 수필에는 신앙심이 깔린 언어와 담론이 자주 구사된다. 그는 신의 말씀으로 사람과 만나고 그분의 역사를 구현하기 위해 주로 개척교회에서 선교활동을 해오고 있다. 그동안 언어는 인간에게 주어진 최상의 선물임을 깨닫고 자신의 수필에도 복음이 담겨지도록 최선을 다한다. 당연히 수필마다 간략하게 성서의 가르침을 붙여 주제를 드러내는 기법을 즐겨 사용한다.

〈말에 대한 단상〉은 말의 힘이 만물에 미치고 있다는 내용을 소개한다. 동물과 식물이 말에 영향을 받고 있다는 점은 새삼스럽지 않지만 경세의 가르침을 포함시킨 것은 남다르다. '세치 혀'의 명암을 다룬 셈이기도 하다.

> 사람들은 그 생각과 마음속에 무엇을 담느냐에 따라 선하고 악한 것이 그 입을 통해 나간다. 선하고 아름답고 창조적이고 긍정적인 말이 아니면 더럽고 추하고 악한 부정적인 말로 나가게 된다. 말은 인생의 방향을 좌우하는 핸들이고 배의 방향을 바꾸는 키와 같다. 집에 도둑이 들어 귀중품을 도난당했다 하자. 그것으로 인해 자살하는 사람은 없을 것이다. 그러나 비수 같은 말 한 마디를 들었다면 스스로 감당치 못하고 목숨을 끊는 일이 비일비재하다.
>
> -〈말에 대한 단상〉 일부

인간의 일상이 말에 노출되는 것은 어쩔 수 없다. 대부분의 종교는 말의 장점보다 그 위험을 경계한다. 성경은 "죽고 사는 것이 혀의 권세에 달렸나니 혀를 쓰기 좋아하는 자는 그 열매를 먹으리라."(잠 18:21)라 하여 말의 신중함을 강조한다. 불교도 업 중에서 말의 업이 가장 크다고 가르친다. 설교하고 글을 쓰고 기도하는 이동훈의 경우, 삶 자체가 언어활동이므로 남다른 감수성과 지성으로 언어에 접근하려고 노력한다.

이러한 노역을 곳곳에서 발견할 수 있다. '왜, 기다림, 뿌리, 이기심, 인연, 뛰기, 훈계'등의 낱말은 그와 신과의 관계를 풀이하는 단어들이다. 이런 용어들은 책을 읽고 글을 쓸 때의 의식을 결정하고 풀어내는 기저 역할을 한다.

과거 행동을 뉘우치는 자세를 다룬 작품으로 〈그 땐 왜~〉가 있다. 인간은 늘 부족한 능력과 어리석은 판단력이 빚어낸 행동을 후회한다. 그러나 일상적 반성과 종교적 참회가 쌓이면 역설적으로 인격체를 발전시키기도 한다.

> '왜 그랬을까'의 깨달음은 인간만이 가지는 회복이란 기회의 통로로 나아가는 것이다. 회복은 실천의 열매이기에 행함이 없으면 빈 깡통이다. '행함이 없는 믿음은 죽은 것이다.'는 세상 끝 날까지의 강요이다.
>
> -〈그 땐 왜~〉 일부

'왜 깨닫지 못했을까'라는 말은 과거의 잘못에 대한 자기 고백이다. 이것을 자신에게 적용하면 성찰이 되고 신을 바라보며 말하면 기도가 된다. 〈기다림의 단상〉에서 작가가 말하려는 것도 달맞이 갈맷길을 산책하는 노인들의 여유가 아니라 삶이 기다리는 갖가지 자세를 일러주기 위함이다. 작가는 여러 종류의 기다림을 제시한다. 자식을 양육하는 부모의 기다림, 남녀 간 애정의 기다림, 희망찬 장래를 바라는 젊은이의 기다림, 탕자를 맞이하는 아버지의 기다림, 죽음을 앞 둔 노인들의 기다림. 이 모든 기다림은 최종적으로 최후 심판 자리의 기다림과 하나님의 사랑의 손짓에 이어진다고 작가는 말한다.

작가는 청소년 교화에 남다른 관심을 지닌다. 가난했던 시절을 겪은 그로서는 현대 청소년들의 문제가 남의 일이 아니다. 그 관심은 복음이면서 선교의 첫 걸음이다, 옛날의 어른들은 아이들에게 〈뛰지 마라〉고 하였다. 뛰면 몸의 에너지가 소모되고 신발을 신고 뛰면 닳아지니 가만히 있는 것이 최고라고 가르쳤다. 하지만 오늘날의 교육은 건강한 육체에 건강한 정신을 가진 역동적인 한국인을 길러내는 것이 목표이니만큼 '뛰어야 한다.'고 아이들에게 충고한다. 〈쓴 뿌리〉는 소년원에 있는 청소년의 선도문제를 다룬다. 아이들이 소년원에 들어가게 된 연유는 열등감, 우울증, 미움, 증오, 폭력으로 인한 상처라고 말하면서 시민들이 함께 노력할 것을 당부한다.

존 브레드 쇼는 〈상처받은 내면의 아이〉라는 책에서 과거에 무시당하고 상처받은 내면의 아이가 많은 사람들이 겪는 모든 불행의 가장 큰 원인라고 했다. 그리고 그 아이는 성인이 된 우리의 인생에 계속적인 악영향을 끼치면서 모든 것을 엉망으로 만들어버리고 만다 하여 치유의 7단계를 제시한다. 그리고 상처받은 내면의 아이를 성장시키는 큰 힘은 사랑, 따뜻한 격려와 위로와 인정이라고 말하고 있다.

- 〈쓴 뿌리〉 일부

작가는 '상처가 뿌리'라고 주장하면서 상처와 뿌리의 상관성을 강조한다. 어린 시절이 힘겨웠던 그는 본의 아니게 불행에 빠진 청소년들을 돌보아야겠다는 믿음으로 목회자의 자리를 지켜가겠다고 다짐한다. 이런 자세는 '너희 안에 이 마음을 품어라. 곧 그리스도 예수의 마음이니.'(빌 2:5)라는 성경구절에서 재확인 할 수 있다.

작가는 교육의 중요성을 강조한다. 가정과 사회뿐만 아니라 종교와 군대에서도 올바른 가르침이 필요하다고 여긴다. '훈계와 책망이 곧 생명의 길이다.'라는 성서상의 잠언을 빌려와 자식들을 제대로 야단치지 못하는 물렁한 부모들의 가정교육 문제를 지적하기도 한다. 〈훈계유감〉은 사회의 도덕적 해이가 심해진 오늘날, 교역자와 수필가로서의 이동훈의 입장을 밝힌 작품이라 하겠다.

제 3장 사물의 인격성과 의미화

수필은 작가의 일상과 개성을 소재로 메시지를 창조하는 글이다. 그 메시지에 의미화가 끼어든다. 문학은 은유로써 독자의 마음으로 파고드는 효과를 높이려하는 만큼 직설적인 설명보다 은유나 우화의 가르침이 더 효과적이다. 이런 기능과 기법은 설교에서도 예외가 아니다.

상징적 기법 외에 자각의 역량이 주제와 소재의 호소력을 높여준다. 설교자가 수준 이상의 영성을 지니거나 수필가가 보통 이상의 영감을 지니면 당연히 전달력은 높다. 진리를 전해야 한다는 소명감이 단단할수록 글의 내용과 주제성은 뚜렷해진다. 감화력은 인간이 지닌 자랑스러운 능력으로서 윤리적 감화력과 도덕적 설득력을 가진 수필은 설교의 영역에 접근해간다. 물론 설교와 달리 수필은 문학성이라는 미적 가치를 지닌다. 그렇다하여 설교나 기도문에 진실성을 높이려는 문학성이 없다는 의미는 아니다. 가능한 진실을 지키려는 이동훈은 목사생활과 작가생활의 유기성을 높이기 위해 사물에 인격을 부여하는 의인법을 도입한다.

개척교회 목사로서 이동훈은 음식에 관심이 많다. 요리를 배우고 직접 김치를 담기도 하고 육개장도 끓이는 이유는 개척교회의 생활 때문이다. 그는 표제작 〈건더기와 국물〉로서 인간사회의 실상을 드러낸다. 건더기는 특권층을, 국물은 정당한 권리를 빼앗긴 보통사람들을 뜻하는데 그 효과는 계층 간의 불균형을 강조하는 것으로 나타난다. '우도하탕'이라는 군대식 유행어는 곧 공동체 정신의 부재로 나아간다.

> 건더기가 소수의 정치 권력가이고 경제적 부와 명성의 권력을 가진 지배자내지 지도자들이라면 힘없는 다수의 국민은 국물이 될 것이다. 논리의 비약이라 할 수 있겠지만 한 솥에 담긴 운명 공동체의식이 요구된다. 권력에 집착하는 것은 탐욕이고 남가일몽이다. 건더기만을 먼저 건져먹겠다는 욕망을 제어해야 하고 국물을 하찮게 여기는 어리석음에서 깨어나야 한다.
>
> \- 〈건더기와 국물〉 일부

작가는 건더기에 “지배, 권력, 탐욕, 욕망”이라는 동류의 언어를 붙인다. 나눔을 실천하고 갖가지 차별을 줄여나가는 것이 시민사회가 해야 할 일이건만 오히려 인정과 배려가 줄어드는 사회현실을 둘러보면서 국가의 혜택을 고루 받기를 기대한다. 작가의 주장은 단순하다. 국물은 건더기 덕분에 조화롭고, 건더기는 국물 덕분에 돋보인다는 것이다. 상생의 원칙으로 사람들이 균형 있는 역할을 해야 한다는 사회 책무를 불러낸 작품이라고 하겠다.

사물을 인격화한 다른 작품에 〈묵은 지〉가 있다. 생김치와 묵은 지의 차이로서 노인들의 입장을 대변한다. 청년이 장년이 되고 장년이 노년이 되는 존재가 사람이다. 생김치가 발효와 숙성을 거친다면, 사람도 성숙을 거치면서 원만한 인격체로 성장한다. 나아가 묵은 지가 생김치보다 맛있듯이 장년도 청년보다 더 완숙한 지혜를 갖고 있다고 작가는 생각한다. 노인에 대한 이러한 존경심은 ‘백발은 영화의 면류관이라 의로운 길에서 얻으리라.’는 잠언으로 더욱 설득력을 얻는다. 인간은 과연 어떠한 완성을 추구해야 하는가. 그의 견해를 살펴보기로 한다.

인생 또한 말년의 담백한 삶은 그동안 끼고 살았던 모든 거추장스럽던 요소들을 들어내어야 한다. 변하지 않는 인격과 모난 성품, 이기적인 아집, 그리고 못가지고 갈 물질, 사랑하지 못한 감정 등등. 마음을 비울 때 비로소 아름다운 노년을 말할 수 있다.

- 〈묵은 지〉 일부

수필작가로서 이동훈의 성찰은 '담백한 비움'으로 마감 정리된다. 아름다운 노년의 모습이 꿈이라는 사실도 기꺼이 밝힌다.

야채나 식물로 인간의 성숙을 보여주는 채식 형 비유는 여타 작품에서도 발견된다. 짝퉁가구를 판매하다가 폐업한 가구점을 고발하는 〈어느 화단의 백합 향〉은 진실하지 못한 상거래는 언젠가는 파멸로 끝난다는 것을 보여준다. 나아가 작가는 이타적인 성품은 선한 양심, 희생적인 겸손, 남을 섬기는 봉사라고 말하면서 이런 사람이 진정 "향기로운 사람"이라고 부른다. 그중에서 가장 아름다운 향기는 "그리스도의 향기"라는 신앙적 잠언도 빠뜨리지 않는다. 〈머구〉는 쓴 머구만을 먹어야했던 어린 시절을 회상하면서 요즈음에는 비만을 줄이고 각종 질환을 줄이는 채소로 인기를 얻고 있다고 풀이한다. 〈머구〉는 '입에 쓴 약이 몸에 좋다'는 속담을 체험적 서사로 풀어낸 작품에 속한다. 〈배추 겉잎〉은 도시 아파트촌에서 겨울 김장을 하는 풍속이 사라져버렸음을 안타까워하면서 미풍양속이 잊혀져가는 현대도시의 변화를 지적한다. 야채수프를 좋아하는 작가의 취향을 알려주는 〈샐러리 향〉은 개척교회에 헌신하는 작가의 단면을 알려준다.

> 개척교회를 시작하고 일 년을 지나면서 나는 한식조리를 배웠다. 요리에 약간의 감각이 있음을 알고부터 누가 시키지 않아도 주방을 기웃거리는 재미와 습관이 생겼다. 몇 안 되는 교인들과 식사를 나누면서 가능한 양질의 식단을 마련해 섬기기 위함이다.
>
> -〈샐러리 향〉 일부

작가는 음식의 맛은 균형 잡힌 재료 외에 조리자의 소질과 감각에 좌우된다고 설명한다. 그에게 음식은 단순히 먹 거리가 아니라 사람이 살아가는 도리를 가르쳐주는 인격성이 있음을 강조한다. 신도들과 식사를 함께 하는 것을 생활의 일부로 여기는 점에서 그의 생활은 신앙적이면서 수필적이다.

닫으며

삶에 대한 이동훈 작가의 단상은 다채롭다. 해운대 고향을 떠올려주는 고옥과 짐자전거부터 묵은 지를 거쳐 해외 선교 여행 중에 탔던 지하철까지 소재 감으로 포착된다. 해외 여행기에서 주목할 그의 진중한 자세에는 타국 문화에 대한 존경심과 수련된 인격이 반영되어 있다. 해외여행은 문화 상대주의와 외국인에 대한 동포주의를 체험하고 확인하게 해주는 현장이다. 일본 료칸을 찾았을 때든, 부다페스트 지하철을 탔을 때든, 우크라이나의 라브라 수도원을 방문했을 때든 작가는 순례자로서의 겸허한 자세를 지켜낸다. 이것은 신앙인으로서, 작가로서의 그의 인격을 새삼 주목하게 하는 예라고 하겠다.

세 번째 수필집 ≪건더기와 국물≫은 작가의 인품과 인성의 기록물이다. 작가의 의식이 영적교감으로 나아가는 가운데 사람 사는 사회가 발전하기를 기원하는 염원이 엿보인다. 무엇보다 고향에 대한 원초적 그리움과 진실에 대한 간절한 기다림이 독실한 언어로 직조되어 있다. 그래서 이동훈의 수필은 복음서 같은 수상록이다.

이동훈 수필집

건더기와 국물

초판1쇄 발행 2018년 9월 18일

지은이 이동훈
펴낸이 이길안
펴낸곳 세종출판사

주소 부산광역시 중구 흑교로 71번길 12 (보수동2가)
전화 051-463-5898, 051-253-2213~5
팩스 051-248-4880
전자우편 sjpl@chol.com
출판등록 제02-01-96

본 도서는 한국예술인복지재단 지원을 받았습니다.

ISBN 979-11-5979-246-5 03810

값 13,000원

이 도서의 국립중앙도서관 출판예정도서목록(CIP)은 서지정보유통지원시스템 홈페이지(http://seoji.nl.go.kr)와 국가자료공동목록시스템(http://www.nl.go.kr/kolisnet)에서 이용하실 수 있습니다. (CIP제어번호: CIP2018029639)